JUAN DEL REY

MANUAL DEL EJERCITANTE

Para la práctica de ejercicios espirituales de San Ignacio de Loyola

COR AD COR
didaskalos

Imagen de portada: San Ignacio de Loyola (copia). Francisco Jover y Casanova. Oleo sobre lienzo (1887)

Autor: © Juan del Rey

Impreso en España. Printed in Spain
Depósito legal: M-9293-2026
ISBN: 978-84-19431-70-7

Impresión y encuadernación:
Editorial Didaskalos
Valdesquí 16, Madrid 28023

Índice

Introducción

"Los Ejercicios son todo lo mejor que yo en esta vida puedo pensar, sentir y entender, así para el hombre poderse aprovechar a sí mismo, como para poder fructificar, ayudar y aprovechar a otros muchos" (San Ignacio de Loyola, *Carta a Manuel Miona 16 noviembre 1536*).

El presente libro tiene la humilde pretensión de servir de instrumento para el que acude a una tanda de ejercicios como principiante o para las primeras veces que realiza este retiro según las indicaciones de San Ignacio. Por tanto, no pretende sustituir el mismo libro de ejercicios escrito por el santo, verdadera joya de la espiritualidad católica.

El propio libro de ejercicios no es un libro de lectura seguida al modo de una novela, ni es fácilmente interpretable. Median unos cuatrocientos años desde su génesis hasta el día de hoy, con todos los cambios culturales, lingüísticos, antropológicos y sociales que han sucedido. Además, ya en los comienzos de su redacción, el libro necesitó de otros complementos, llamados directorios, que pudieran explicarlo o interpretarlo para sacar más fruto y provecho.

Por eso, ofrecemos este libro manual con algunos textos fundamentales seleccionados del mismo libro de ejercicios y algunas ideas que ayuden a preparar al ejercitante para vivir el retiro y salir de él con fruto. Podrá ser particularmente útil al director de ejercicios para dar indicaciones al ejercitante. Y, sobre todo, esperamos que sea un instrumento del Espíritu Santo, verdadero director de las almas, que nos conduce más y más a enamorarnos de Jesucristo.

I. MANUAL DEL EJERCITANTE

1.

Para qué son y en qué consisten los ejercicios

Los ejercicios espirituales, propiamente tal y como San Ignacio los pensó, son un tiempo de oración y de gracia que buscan y persiguen un fin concreto en nuestra vida. Al comenzar este tiempo de retiro, puesto que nos retiramos y apartamos de la actividad cotidiana, es necesario tener claro para qué hemos venido, cuál es el fin para el que venimos. Por qué hemos venido cada uno es algo muy variado: unos porque acuden anualmente, otros invitados, otros por curiosidad, otros porque necesitaban un tiempo de paz y reflexión, y otros tantos motivos, todos variados. Sin embargo, el fin ha de ser el mismo para que el retiro no sea una jaula de "grillos" donde cada uno vaya a lo suyo.

Para ello, y siguiendo la sana tradición de ejercicios vamos a sintetizar en tres puntos el fin de los ejercicios:

a) Los ejercicios son para encontrarnos con Jesucristo, cara a cara con Él, en diálogo de amor con Él. No son un tiempo de reflexión personal, introspección o de meditación sobre la vida, aunque incluya estas cosas y otras parecidas en alguna ocasión. La mirada, la atención, la dirección de nuestra vida es hacia Jesucristo.

b) Este encuentro con Jesucristo no busca aprender más cosas sobre Él, sentirlo más de cerca, saber decir cosas bonitas sobre Dios o tener grandes ideas o pensamientos filosóficos, aunque esto pueda suceder. Son para cambiar la vida, buscan una transformación de nuestra vida real. En ellos se da una conversión progresiva que tiene que suceder en nuestra vida: "convertíos y creed en el evangelio" (Mc 1, 15).

c) Esto sucede, en ejercicios, principalmente a través del ejercicio de la oración. Por tanto, nos enseñan a rezar, a hablar con Dios en la oración que es un intercambio de amor. Requieren el trabajo de oración que es trabajo de afectos, trabajo del corazón y lo profundo de la vida. No son para mover el sentimiento, que es más superficial y sensible, sino el afecto que es más hondo y estable y transforma la vida. No son para sentir mucho a Dios en la oración sino para sentir mejor con Él. La oración es diálogo de amor entre Dios y nosotros, encuentro entre la sed de Dios por nosotros y la sed del hombre por Dios. San Ignacio enseña en los ejercicios a reaccionar y responder ante la manifestación de Dios en nuestra alma.

San Ignacio mismo coloca en el libro de los ejercicios tres fines o intenciones (EE n. 21):

1)   Vencerse a sí mismo: es decir, para ejercitar el corazón en el gobierno propio de la vida tratando de salir de los afectos egoístas dejando que nuestra vida la inunde el Espíritu Santo, el amor de Dios.

2)   Ordenar la vida: requieren una transformación. Poner orden en el corazón, en nuestros amores y relaciones, y en nuestra vida concreta: horarios, tareas, lugares, preferencias, amistades…

3) Hallar la voluntad de Dios poniendo la mirada en Jesucristo. Todos los ejercicios son para buscar y hallar la voluntad de Dios en el momento presente. ¿Qué quiere Dios de mi vida? ¿Cómo puede servirse mejor de mí?

Los ejercicios, por tanto, no son para provocar en nosotros una conversión que nos haga pasar de la "no fe" a la fe sino para transformar nuestra vida en una conversión progresiva, afectiva y total que nos configure más y más con el plan de Dios sobre nosotros.

2

Consejos y disposiciones para empezar ejercicios

Presentamos unos consejos antes de comenzar ejercicios. Recomendamos leerlos o repasarlos la primera noche de ejercicios o incluso el día previo a los ejercicios:

1) Nos ayudará mucho comenzar los ejercicios, como dice el mismo San Ignacio en su libro, "con grande ánimo y liberalidad" (EE n.5), es decir, con ganas y deseos verdaderos de encontrar a Jesucristo y confiar en Él queriendo poner toda nuestra vida en sus manos. Esto significa empezar los ejer-

cicios apostando grande y dejando atrás todos los miedos que pueda haber en el corazón confiándolos a Dios. Puede ayudar hacer un acto de abandono o confianza en Dios con alguna oración.

2)   Guarda el silencio, porque Dios te quiere hablar y no le podemos interrumpir. Para ello, ten silencio exterior, evitando siempre hablar con otros y prestando atención a lo que sucede en tu propio corazón. Para esto también es importante desconectar los aparatos electrónicos y dispositivos, principalmente el móvil. El silencio del corazón es todavía más importante y necesita el silencio exterior. El silencio interior del corazón consiste en acallar ruidos, distracciones, pensamientos vanos y la dispersión. No asustarse de que en los días de ejercicios, como "paramos" nuestra vida, nos vengan al pensamiento muchas ideas, imaginaciones y afectos que nos distraen.

3)   En los puntos de meditación y explicaciones del sacerdote ayuda tomar notas en un cuaderno y estar atentos a aquello que más te ha llamado la atención o que más toca tu vida o que tiene que ver con ella.

4)   Después de los puntos de meditación es necesario tener un rato largo de oración. Piensa cuán-

to tiempo vas a estar y mantente fiel aunque surja el aburrimiento. En este tiempo, ayuda recorrer los puntos principales que hemos anotado abriendo el corazón a Dios y buscando el encuentro con Él. Para ello nos abrimos a la luz que Dios nos quiera dar y a conocer más y más al Señor levantando la mente y el corazón hacia Él. La oración realízala preferentemente delante del Santísimo o del Sagrario donde Cristo está vivo y actuando.

5)   Durante el tiempo de oración no estés mirándote todo el rato a ti y a lo que sientes o no sientes sino a Dios. Después de cada rato de oración anota alguna frase a modo de resumen del tiempo que has estado con Jesús.

6)   En los tiempos que no son de "puntos de oración" con el sacerdote o que no son la misma oración: date un paseo, lee algo que no te distraiga de la oración como un libro de espiritualidad o una vida de algún santo, y reflexiona sin prisa y sin agobios o tensiones sobre lo que acabas de hablar con el Señor.

7)   Déjate llevar por el ritmo de los ejercicios, no le impongas tus planes a Dios, no vengas ya con las ideas que tiene que resolverte Dios. Él sabe por dónde llevarte si te fías de Él.

8)   Habla con el director de la tanda de ejercicios al menos una vez. No hace falta contarle tu vida entera sino para manifestar cómo estás, cómo te están ayudando los ejercicios o aquellas dificultades que te están surgiendo. Acoge sus consejos.

Cuestionario inicial

Este cuestionario inicial puede ayudar al comienzo de los ejercicios para que el ejercitante haga un pequeño examen de la situación en la que llega y pueda enderezar el camino que comienza en el retiro. Ofrecemos entre paréntesis unas posibles respuestas.

1) ¿Qué te propones estos días?

    (*Aprender a rezar, descansar, orientar tu vida, conocer tu vocación, buscar la voluntad de Dios en algo…*)

2)   ¿Cómo estás interiormente en este comienzo de ejercicios?

(*Con fervor, con grandes deseos, apagado, revuelto, desanimado, temeroso, angustiado, gozoso, esperanzado*)

3)   ¿Cómo te gustaría que fueran estos ejercicios?

(*Duros, rápidos, suaves, profundos, tranquilos, exigentes*)

4)   ¿Qué preocupaciones traes en estos momentos?

(*Amistades, trabajo/estudio, familia, salud, apostolado, grupo cristiano*)

5)   ¿En qué estado están los compromisos fundamentales de tu vida, bautismo, trabajo/estudios, familia, amistades?

6)   ¿Qué inquietudes o deseos, además de los mencionados en las otras preguntas, quieres manifestar en este comienzo?

Consejos sencillos
para la oración

La oración tiene como objetivo principal encontrar al Señor. Es lugar del encuentro de Dios con el hombre y del hombre con Dios. Allí donde lo encuentro con gusto y con gozo en el pensamiento y el corazón, ahí me detengo. Así, lo importante, no es todo lo que razono, o todo lo que aprendo, sino encontrar a Dios. Para esto:

1) Cuida el comienzo de la oración. Es importante antes de la oración darme cuenta de dónde voy y a qué voy, es decir, qué quiero yo en este tiempo. Los primeros minutos hay que cuidarlos especial-

mente y para eso es importante recoger los sentidos y alejarlos de distracciones (móvil, pensamientos distractivos, otras personas…). Comienza de rodillas para reflejar con el cuerpo, y por tanto, con todo tu ser, delante de quién quieres hablar. Puedes imaginarte que hablas delante de un gran rey rico, bondadoso y generoso, como es el Señor, y tú eres un mendigo que se acerca con confianza a pedirle. También puedes imaginar que te acercas a hablar con un Padre que comunica mucha confianza y te entiende perfectamente. Siempre ayuda, acercarse como un amigo quiere tratar con otro amigo acerca de lo que sucede entre ambos y lo que lleva cada uno en el corazón (Santa Teresa). Alguna oración formal al principio puede ayudar.

2)   Ten una petición a la que recurrir en algunos momentos de la oración, algo que estás buscando en ese tiempo. San Ignacio recomienda: conocimiento interno de Cristo, para más amarle y servirle. En el tiempo de oración es más importante pedir con humildad que reflexionar.

3)   Recorre despacio los puntos que ha dicho el sacerdote parándote en aquellos que te parece que te dicen algo a ti en particular. Reflexiona o habla de ellos con el Señor. Pide luz a Dios para entender

lo que han explicado o para entender qué tiene que ver con tu vida. Dios puede ayudarnos a razonar y entender mejor nuestra vida iluminando nuestro entendimiento.

4)   También puedes acudir al Evangelio en los textos que han hablado en los puntos escogiendo alguna de las citas y siguiendo los consejos que se hayan dado para su lectura.

5)   Ponte un tiempo fijo antes de rezar, y no lo cambies aunque estés aburrido o distraído. Mantenerse fiel al tiempo buscando siempre el encuentro con el Señor es buena señal y dará fruto.

6)   Puedes terminar con un diálogo con el Señor y/o con la Virgen donde pidas algo en especial, o des gracias o simplemente crezcas en amor a ellos después de lo que has meditado anteriormente.

7)   Por último, escribe en tu cuaderno personal alguna idea, alguna luz, alguna dificultad, o algo que te haya llamado la atención de forma más destacada en este tiempo de oración.

Qué hablar con el director de ejercicios

Es bueno en ejercicios hablar, al menos, una vez con el director de ejercicios para sacar fruto o resolver alguna dificultad. No es la dirección espiritual habitual sino una ayuda para la dirección en la tanda de ejercicios. Al menos es ejercicio de transparencia humilde que predispone a gracias nuevas y ayuda a la aplicación personal de los puntos y meditaciones que se están dando.

En la entrevista en ejercicios puede ayudar revisar estos puntos:

1) Los tiempos de oración. Si estoy rezando bien, ando distraído, qué tiempo empleo en la oración. ¿Encuentro a Jesucristo en la oración?

2) Los tiempos que no son de oración, ¿cómo los vivo? ¿Cómo los empleo? ¿Cuido el silencio o ando distraído?

3) ¿Está apareciendo algún obstáculo que me dificulta o inquieta, me paraliza, o me está distrayendo? ¿Cómo estoy reaccionando?

4) ¿Estoy recibiendo alguna luz con la que orientar la vida o me he dado cuenta de algo que viene a ser importante? ¿Cómo la acojo? ¿Qué supone?

5) ¿Qué se me está repitiendo en los puntos de oración o en la oración? ¿Qué está resonando?

6) ¿Me propone el Señor alguna decisión que tengo que tomar? ¿Hay algo que veo que es necesario ordenar en mi vida?

Qué aspectos de la vida para ordenar

Los ejercicios tienen como fin ordenar la vida. Ésta se ordena teniendo como criterio de todo a Jesucristo y su plan de salvación para cada uno en el marco de la historia de la salvación. Este orden personal que tiene que suceder en ejercicios no es sólo un orden externo sino, principalmente, interno, del corazón, aunque ambos están unidos y son inseparables. Un orden que no alcance los deseos, las relaciones, los tiempos y los lugares fácilmente será un orden que no tiene que ver con la vida. Esto convertirá los ejercicios en una fuga del mundo ajeno a la realidad personal. Con ello proponemos algunos elementos para revisar y ordenar en ejercicios atendiendo a los afectos y deseos implicados en ellos.

El primer lugar de orden es el horario y las prioridades de los amores de nuestra vida. Ambos están unidos, amamos aquello a lo que le dedicamos tiempo. No tener tiempo para algo equivale a decir que no tenemos interés suficiente o amor suficiente a ello como para dedicarle tiempo. Proponemos para recorrer aspectos concretos de la vida, la rosa de los vientos.

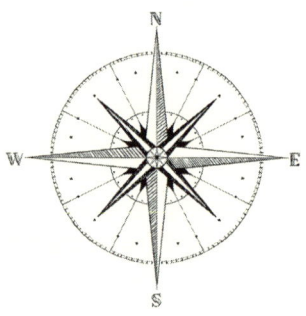

Norte: amistad con Dios

La relación con Dios. La oración, el rosario, los sacramentos. Mi vocación.

Este: familia y amistades

Relación con familiares: padre, madre, hermanos, esposo/a, hijos. Relación con amigos. Relación con mi grupo donde vivo y crezco en la fe. Podemos ver cómo entran los miedos, las inseguridades, la verdad de estas relaciones. Afectos de posesión o dependencias insanas.

Sur: trabajo

Mis tiempos de estudio o trabajo y la calidad de los mismos. Relación con compañeros de trabajo o estudio, profesores y jefes. El uso del dinero o de bienes materiales, austeridad. Afectos posesivos a cosas.

Oeste: misión y tiempo libre

Qué apostolado realizo y cómo lo vivo. Relación con la Iglesia. Lecturas, deporte, aficiones. Cómo vivo la enfermedad o el sufrimiento. El uso del móvil y nuevas tecnologías.

Para dar cauce
al fruto de los ejercicios

El fruto de ejercicios no consiste en unos propósitos o en una serie de compromisos. El fruto consiste principalmente en un propósito de vida, reforma de la vida o elección de una vida que el Señor quiere para mí aquí y ahora. Si es cierto que la letra mata y el Espíritu da vida (2 Co 3, 6) también es verdad que el Espíritu sin la letra no se encarna. Por eso ayuda escribir el espíritu que me ha guiado o conducido en estos ejercicios. Damos varias opciones para guiar esa letra que tengan presente siempre la magnanimidad y la concreción. Es bueno hablar con el propio director espiritual al regresar de ejercicios (o empezar una dirección espiritual seriamente si aún no se ha hecho):

A) Recoger el fruto en estos 4 ejes fundamentales escribiendo 1 ó 2 cosas en cada uno de ellos:

   1. Ser de Dios: relación directa con Dios

   2. No ser de mí mismo: la dimensión de renuncia, abnegación, mortificación

   3. Ser para otros:dimensión de entrega, apostolado, servicio.

   4. Ser con otros:lo que debo construir y edificar con otros.

B) Recoger el fruto en estas tres dimensiones de la corporalidad:

   1. Ser hijo/a: cómo recibo los dones; agradecimiento. Memoria. Pasado

   2. Ser esposo/a:cómo entrego mi vida a otro. Presente.

   3. Ser padre/madre:fruto que estoy llamado a dar. Futuro

C) Según el bautismo. En él renovamos nuestro "No" al pecado y al mal y nuestro "Sí" a Dios.

Podemos escribir 3 "Noes" que estamos llamados a luchar y a dar y 3 "Síes" que nos pide Dios en los ejercicios.

D) Puedes escribir una carta a Dios o a su Madre, la Virgen, en la que resumes tus ejercicios, a modo de agradecimiento. En ella puedes recoger el fruto que han dado y el que esperas dar. También el camino que tienes que emprender en confianza y seguimiento de Jesucristo

E) Escribir un texto en el que contestes a estas preguntas que te ofrecen una visión global de los ejercicios:

¿Cómo vine interiormente a los ejercicios?

¿Qué dificultades encontré en ellos?

¿Qué he trabajado estos días más especialmente?

¿Qué ha sido luz en estos días? ¿Qué me llevo en el corazón de estos días?

¿Qué paso tengo que dar ahora en mi vida?

¿Cómo voy a vivir los próximos días?

NOTA IMPORTANTE: Es importante comenzar a caminar según el fruto de los ejercicios desde el mismo momento en que termina el silencio del retiro o uno sale por la puerta de la casa de ejercicios. El propósito de vida conviene redactarlo en positivo, como algo a trabajar, crecer, bajo la ayuda y la amistad con el Señor.

Examen al final del día
o *Memorare*

San Ignacio propone un examen a medio día y al final del día para lo que quiere uno corregir y enmendar, para examinar el rumbo del amor en nuestra vida. Este examen se tomó, más tarde como examen espiritual para el final del día.

Su finalidad es que, revisando la vida de forma diaria, no se instale en el corazón una postura cerrada a la voluntad de Dios, no se descarrile la vida de amor que Él nos regala, no vaya venciendo en nosotros el egoísmo, y, sobre todo, para enderezar, en adelante, la vida según el camino del Señor. El amor del Señor purifica los afectos y ofrece un camino nuevo. No confundirlo con un examen de conciencia moral sino espiritual, que pone la mirada en los dones del Señor.

Proponemos dos modos:

1. Examen general (tomado del n. 43 de EE)

1.º   Primer Punto. El primer punto es de dar gracias a Dios nuestro Señor por los beneficios recibidos.

2.º   El segundo, pedir gracia para conocer los pecados y rechazarlos.

3.º   El tercero, pedir cuenta al alma desde la hora de levantarse hasta el examen presente, de hora en hora o de tiempo en tiempo; y primero del pensamiento, después de la palabra, y después de la obra, siguiendo el mismo orden que se dijo en el examen particular.

4.º   El cuarto, pedir perdón a Dios nuestro Señor de las faltas.

5.º   El quinto, proponer enmienda con su gracia.

Decir un Padrenuestro.

2. *Memorare,* hacer memoria

En unión con María: ella que guardaba todas las cosas meditándolas en su corazón (Cf. Lc 2, 19) nos ofrece un modo de mirar el día recordando las acciones del Señor para adaptarnos a sus pasos. Consta de 3 miradas:

1. Mirada a Dios. Buscamos Su punto de vista sobre nuestra jornada que es mayor que el nuestro. Dios es el verdadero protagonista de nuestra vida.

2. Mirada a la jornada transcurrida. Una mirada contando al Señor lo que hemos vivido. La agenda del día es una gran ayuda. Buscamos descubrir la acción de Dios en nosotros para tejer la trama de nuestra vida. Examinamos aquí nuestros afectos y relaciones.

3. Mirada al día siguiente. Nos ayudamos, de nuevo, de la agenda, repasamos el "para qué" de cada actividad y buscamos tejer bien con el Señor el día siguiente, uniéndonos en todo a Él. Aquí anticipamos ya el corazón con el que vivir la jornada siguiente procurando encenderlo en el amor de Jesucristo.

II. TEXTO DE EJERCICIOS ESPIRITUALES

1

Indulgencias

(Extraído del *Manual de Indulgencias de la Peniten-ciaria Apostólica*)

10. Ejercicios espirituales y retiro mensual

   1. Se concede indulgencia plenaria al fiel cristiano que practique ejercicios espirituales al menos durante tres días íntegros

   2. Se concede indulgencia parcial al fiel cristiano que participe en un retiro mensual

2.

Texto de ejercicios

El libro de ejercicios espirituales no es un libro de lectura seguido sino una herramienta en manos del director de ejercicios para ayudar al que hace los ejercicios. Principalmente el libro de ejercicios tiene dos tipos de textos: los ejercicios que se han de realizar y los documentos que explican algún elemento que acompaña a los ejercicios. Aquí dejamos escritos algunos textos que el director puede indicar su lectura en algún momento de ejercicios. No se recomienda leerlo directamente sin la ayuda de alguien que conoce su contenido.

1. ANOTACIONES PARA ENTENDER ALGO LOS EJERCICIOS ESPIRITUALES SIGUIENTES Y PARA AYUDARSE ASI EL QUE LOS HA DE DAR COMO EL QUE LOS HA DE RECIBIR

Primera anotación. La primera anotación es que por este nombre de ejercicios espirituales se entiende todo modo de examinar la conciencia, de meditar, de contemplar, de orar vocal y mentalmente y de otras actividades espirituales según que adelante se dirá. Porque así como el pasear, caminar y correr son ejercicios corporales, de la misma manera todo modo de preparar y disponer el alma para quitar de sí todas las afecciones desordenadas y después de quitadas buscar y hallar la voluntad divina en la disposición de su vida para la salud del alma, se llaman ejercicios espirituales

5 5ª   La quinta: al que recibe los ejercicios, mucho aprovecha entrar en ellos con gran ánimo y liberalidad con su Criador y Señor, ofreciéndole todo su querer y libertad para que su divina majestad, así de su persona como de todo lo que tiene, se sirva conforme a su santísima voluntad.

13 13.ª   La decimotercera: asimismo es de advertir que, como en el tiempo de consolación es fácil y suave estar en la contemplación la hora entera, así en el tiempo de la desolación es muy difícil cumplirla. Por tanto la persona que se ejercita, para hacer contra la desolación y vencer las tentaciones, debe siempre estar algún tiempo más de la hora cumplida; porque no sólo se acostumbre a resistir al adversario sino incluso a derrocarle.

21 EJERCICIOS ESPIRITUALES PARA VENCERSE A SI MISMO Y ORDENAR SU VIDA SIN DETERMINARSE MOVIDO POR ALGUNA AFECCION DESORDENADA

Presupuesto

22   Para que así el que da los ejercicios espirituales como el que los recibe se ayuden más y saquen más provecho, se ha de presuponer que todo buen cristiano ha de estar más dispuesto a salvar la proposición del prójimo que a condenarla; y si no la puede salvar, pregunte cómo la entiende, y si la entiende mal corríjale con amor; y si no basta, busque todos los medios convenientes para que, entendiéndola bien, se salve.

[PRIMERA SEMANA]

23   Principio y Fundamento

El hombre es creado para alabar, hacer reverencia y servir a Dios nuestro Señor, y mediante esto salvar su alma; y las otras cosas sobre la faz de la tierra son creadas para el hombre y para que le ayuden a conseguir el fin para el que es creado. De donde se sigue que el hombre tanto ha de usar de ellas cuanto le ayuden para su fin, y tanto debe privarse de ellas cuanto para ello le impiden. Por lo cual es menester hacernos indiferentes a todas las cosas creadas, en todo lo que cae bajo la libre determinación de nuestra libertad y no le está prohibido; en tal manera que no queramos, de nuestra parte, más salud que enfermedad, riqueza que pobreza, honor que deshonor, vida larga que corta, y así en todo lo demás, solamente deseando y eligiendo lo que más nos conduce al fin para el que hemos sido creados.

45   PRIMER EJERCICIO: ES MEDITACION CON LAS TRES POTENCIAS, SOBRE EL 1.º, 2.º, Y 3er. PECADO. CONTIENE, DESPUES DE UNA ORACION PREPARATORIA Y DOS PREAMBULOS, TRES PUNTOS PRINCIPALES Y UN COLOQUIO.

46 Oración. La oración preparatoria es pedir gracia a Dios nuestro Señor, para que todas mis intenciones, acciones y operaciones se ordenen puramente al servicio y alabanza de su divina majestad.

47 Primer preámbulo. El primer preámbulo es la composición de lugar. Aquí es de notar que en la contemplación o meditación visible (como es contemplar a Cristo nuestro Señor, el cual es visible) la composición será ver con la vista la imaginación el lugar material donde se halla la cosa que quiero contemplar. Digo el lugar material, por ejemplo un templo o monte donde se halla Jesucristo o Nuestra Señora, según lo que quiero contemplar. En la invisible (como aquí, tratando este ejercicio de los pecados) la composición será ver con la vista imaginativa y considerar que mi alma está encarcelada en este cuerpo sujeto a corrupción, y todo el compuesto en este valle, como desterrado, entre brutos animales. Digo todo el compuesto de alma y cuerpo.

48 Segundo preámbulo. El segundo es pedir a Dios nuestro Señor lo que quiero y deseo. La petición ha de ser según la materia correspondiente, es a saber, si la contemplación es de la Resurrección, pedir gozo con Cristo gozoso; si es de la Pasión, pedir pena, lágrimas y tormento con Cristo atormentado. Aquí será pedir vergüenza y confusión de mí mismo, viendo cuántos han sido condenados por un solo pecado mortal, y cuántas veces yo merecía ser condenado para siempre por tantos pecados míos.

49 Nota. Antes de todas las contemplaciones o meditaciones se deben hacer siempre la oración preparatoria, sin cambiarla, y los dos preámbulos ya dichos, algunas veces cambiándolos según la materia correspondiente.

50 Primer punto. El primer punto será ejercitar la memoria sobre el primer pecado, que fue el de los ángeles, y luego sobre el mismo ejercitar el entendimiento discurriendo; luego la voluntad; queriendo recordar y entender todo esto para avergonzarse y confundirme más; comparando con un pecado de los ángeles tantos pecados míos, y pensando que, si ellos por un pecado fueron al infierno, cuántas veces yo lo he merecido por tantos. Digo hacer memoria del pecado de los ángeles: cómo siendo ellos creados en gracia, no queriendo ayudarse de su libertad para reverenciar y obedecer a su Criador y Señor, ensoberbeciéndose, quedaron convertidos de gracia en malicia, y lanzados del cielo al infierno; y así a continuación discurrir, más en particular, con el entendimiento; y a continuación mover más los afectos con la voluntad.

51 Segundo punto. El segundo, hacer otro tanto, es a saber, ejercitar las tres potencias sobre el pecado de Adán y Eva, trayendo a la memoria cómo por aquel pecado hicieron tanto tiempo penitencia, y cuánta corrupción vino en el género humano yendo tanta gente al infierno. Digo "traer a la memoria" el segundo pecado (el de nuestros primeros padres), recordando cómo después que Adán fue creado en el campo de Damasco y puesto en el paraíso terrenal, y Eva fue creada de su costilla, aunque se les prohibió que comiesen del árbol de la ciencia, ellos comieron y asimismo pecaron; y después, vestidos de túnicas de pieles y lanzados del paraíso, sin la justicia original que habían perdido, vivieron toda su vida en muchos trabajos y mucha penitencia; y a continuación discurrir con el entendimiento más particularmente, y usar de la voluntad como está dicho.

52 Tercer punto. El tercero, asimismo hacer otro tanto sobre el tercer pecado: el pecado personal de uno cualquiera que por un pecado mortal ha ido al infierno; y otros muchos sin cuento, por menos pecados de los que yo he hecho. Digo hacer otro tanto sobre el tercer pecado personal, trayendo a la memoria la gravedad y malicia del pecado contra su Criador y Señor; y discurrir con el entendimiento, ponderando cómo al pecar, por obrar contra la bondad infinita el pecador, justamente ha sido condenado para siempre; y acabar ejercitando la voluntad como está dicho.

53   Coloquio.   Imaginando a Cristo nuestro Señor delante y puesto en cruz, hacer un coloquio, considerando cómo de Criador ha venido a hacerse hombre, y de vida eterna a muerte temporal, y así a morir por mis pecados. Otro tanto mirando a mí mismo considerando lo que he hecho por Cristo, lo que hago por Cristo, lo que debo hacer por Cristo; y al fin, viéndole de esa manera y colgado así en la cruz, dejar correr el afecto, expresando lo que se ofreciere.

54   El coloquio se hace, propiamente, hablando como un amigo habla a otro o un siervo a su señor, unas veces pidiendo alguna gracia, otras culpándose por algo que se ha hecho mal, otras comunicando sus cosas y deseando consejo en ellas. Decir un Padrenuestro.

55 SEGUNDO EJERCICIO: MEDITACION DE LOS PECADOS. CONTIENE, DESPUES DE LA ORACION PREPARATORIA Y LOS DOS PRE-AMBULOS, CINCO PUNTOS Y UN COLOQUIO.

Oración. La oración preparatoria sea la misma.

Primer preámbulo. El primer preámbulo será la misma composición del lugar.

Segundo preámbulo. El segundo es pedir lo que quiero. Será aquí pedir crecido e intenso dolor y lágrimas de mis pecados.

56 Primer punto. El primer punto es el proceso de los pecados; es a saber, traer a la memoria todos los pecados de la vida, recordándolos de año en año o de tiempo en tiempo; para lo cual aprovechan tres cosas: la primera mirar el lugar y la casa donde he habitado. La segunda, el trato que he tenido con otros. La tercera, el oficio en que he vivido.

57 Segundo punto. El segundo, ponderar los pecados, mirando la fealdad y la malicia que cada pecado capital cometido tiene en sí mismo, aunque no estuviese prohibido.

58 Tercer punto. El tercero, mirar quién soy yo, disminuyéndome por ejemplos: 1.º cuánto soy yo, en comparación de todos los hombres; 2.º. qué son los hombres en comparación de todos los ángeles y santos del paraíso; 3.º, mirar qué es todo lo criado en comparación de Dios; pues yo solo, ¿qué puedo ser?; 4.º, mirar toda la corrupción repugnante de mi cuerpo; 5.º, mirarme como una llaga y postema, de la que han salido tantos pecados y tantas maldades y pus tan asqueroso.

59   4.º punto.   El cuarto, considerar quién es Dios, contra quien he pecado, según sus atributos, comparándolos con sus contrarios en mí: su sabiduría comparada con mi ignorancia, su omnipotencia con mi debilidad, su justicia con mi iniquidad, su bondad con mi malicia.

60   5.º punto.   El quinto, exclamación llena de admiración y con crecido afecto, recorriendo una a una todas las criaturas: cómo me han dejado con vida y conservado en ella: los ángeles, siendo como son espada de la justicia divina, cómo me han sufrido y guardado y rogado por mí; los santos cómo se han puesto a interceder y rogar por mí; y los cielos, sol, luna, estrellas y elementos, frutos, aves, peces y animales. Y la tierra, cómo no se ha abierto para sorberme, criando nuevos infiernos para siempre sufrir en ellos.

61 Coloquio. Acabar con un coloquio de misericordia, razonando y dando gracias a Dios nuestro Señor, porque me ha dado vida hasta ahora, proponiendo enmienda con su gracia para adelante. Decir un Padrenuestro.

62 TERCER EJERCICIO: REPETICION DEL 1.º Y 2.º EJERCICIO, HACIENDO TRES COLOQUIOS.

Después de la oración preparatoria y los dos preámbulos, repítase el primer y segundo ejercicio, notando y haciendo pausa en los puntos en que he sentido mayor consolación o desolación, o mayor sentimiento espiritual; después de lo cual haré tres coloquios de la manera que sigue:

63 Primer coloquio. El primer coloquio a Nuestra Señora para que me alcance gracia de su Hijo y Señor para tres cosas: la primera, para quien sienta interno conocimiento de mis pecados y aborrecimiento de ellos; la segunda, para que sienta el desorden de mis operaciones, para que, aborreciéndolo, me enmiende y me ordene; la tercera, pedir conocimiento del mundo, para que, aborreciéndolo, aparte de mí las cosas mundanas y vanas. Y después decir un Ave María.

Segundo coloquio. El segundo, pedir otro tanto al Hijo, para que me lo alcance del Padre. Y después decir el "Alma de Cristo".

Tercer coloquio. El tercero pedir otro tanto al Padre para que el mismo Señor eterno me lo conceda. Y después decir un Padrenuestro.

73 ADICIONES PARA MEJOR HACER LOS EJERCICIOS Y PARA MEJOR HALLAR LO QUE SE DESEA.

1.ª adición. La primera adición es, después de acostado, cuando ya estoy para dormirme, por espacio de un Ave María, pensar a qué hora me tengo que levantar, y para qué, resumiendo el ejercicio que tengo que hacer.

74 2.ª adición. La segunda: cuando me despertare, sin dar lugar a unos pensamientos ni a otros, fijarme enseguida en lo que voy a contemplar en el primer ejercicio (el de media noche), moviéndome a confusión de tantos pecados míos, poniendo ejemplos: como si un caballero se hallase delante de su rey y de toda su corte, avergonzado y confundido de haber ofendido mucho a aquel de quien primero recibió muchos dones y muchas mercedes. Asimismo

en el segundo ejercicio, viéndome como gran pecador y encadenado, es a saber, que voy atado como en
cadenas a comparecer delante del sumo juez eterno,
poniéndome el ejemplo de cómo los encarcelados y
encadenados ya dignos de muerte comparecen delante de su juez temporal; y con estos pensamientos ves-
tirme, o con otros según la materia correspondiente.

75 3.ª adición. La tercera, un paso o dos antes del lugar donde tengo que hacer la contemplación
o meditación, me pondré en pie por espacio de un
Padrenuestro, alzado el entendimiento arriba, considerando cómo Dios nuestro Señor me mira, etc., y
haré una reverencia o gesto de humillación.

76 4.ª adición. La cuarta, entrar en contemplación, unas veces de rodillas, otras postrado en tierra, otras tendido rostro arriba, otras sentado, otras
en pie, yendo siempre a buscar lo que quiero. Dos
cosas advertiremos: la primera es que, si de rodillas
hallo lo que quiero no pasaré adelante, y si postrado,
lo mismo, etc.; la segunda: en el punto en el cual
hallare lo que quiero me detendré, sin tener ansia de
pasar adelante hasta que me satisfaga.

77 5.ª adición. La quinta, después de acabado
el ejercicio, por espacio de un cuarto de hora, sentado

o paseándome, miraré cómo me ha ido en la contemplación o meditación; y si mal, miraré la causa de donde procede, y al descubrirla me arrepentiré, para enmendarme en adelante; y si bien, daré gracias a Dios nuestro Señor, y haré otra vez de la misma manera.

78 6.ª adición. La sexta, no querer pensar en cosas de placer ni alegría, como de gloria, resurrección. etc.; porque para sentir pena, dolor y lágrimas por nuestros pecados, impide cualquier consideración de gozo y alegría; sino tener delante de mí quererme doler y sentir pena, trayendo más bien a la memoria la muerte y el juicio.

79 7.ª adición. La séptima, es privarme de toda claridad, para el mismo efecto, cerrando ventanas y puertas el tiempo que estuviere en la habitación, si no fuere para rezar, leer y comer.

80 8.ª adición. La octava, no reír ni decir cosa que mueva a risa.

81 9.ª adición. La novena, refrenar la vista, excepto al recibir o despedir a la persona con quien hablare.

82 10.ª adición. La décima adición es penitencia, que se divide en interna y externa. Interna es dolerse de sus pecados con firme propósito de no cometer aquellos ni otro ninguno. La externa o fruto de la primera, es castigo de los pecados cometidos, y principalmente se hace de tres maneras:

83 1.ª manera. La primera es acerca del comer; es a saber, cuando quitamos lo superfluo no es penitencia, sino templanza; penitencia es cuando quitamos de lo conveniente, y cuanto más y más, mayor y mejor, sólo que no se debilite la persona ni se siga enfermedad notable.

84 2.ª manera. La segunda, acerca del modo de dormir; y asimismo no es penitencia quitar lo superfluo de cosas delicadas o suaves, sino que es penitencia cuando en el modo se quita de lo conveniente, y cuanto más y más mejor, solo que no se debilite la persona ni se siga enfermedad notable. Ni tampoco se quite del sueño conveniente, a no ser que tal vez tenga hábito vicioso de dormir demasiado, para venir al justo medio.

85 3.ª manera. La tercera, castigar la carne, es a saber, dándole dolor sensible, el cual se da trayendo cilicios o sogas o barras de hierro sobre las carnes, flagelándose o llagándose, y usando otras maneras de asperezas.

86   Lo que parece más práctico y más seguro de la penitencia, es que el dolor sea sensible en las carnes y que no entre dentro de los huesos, de manera que dé dolor y no enfermedad. Por lo cual parece que es más conveniente lastimarse con cuerdas delgadas, que dan dolor de fuera, que no de otra manera que cause dentro enfermedad que sea notable.

87 1.ª nota.   La primera nota es que las penitencias externas principalmente se hacen por tres efectos: el primero, por satisfacer los pecados pasados; 2.º, por vencerse a sí mismo, es a saber, para que los sentidos obedezcan a la razón, y el instinto esté más sujeto a las facultades superiores de la persona; 3.º, para buscar y hallar alguna gracia o don que la persona quiere y desea, como si desea tener interna la contrición de sus pecados, o llorar mucho sobre ellos o sobre las penas y dolores que Cristo nuestro Señor pasaba en su Pasión, o por su solución de alguna duda en que la persona se halla.

88 2.ª nota.   La segunda, es de advertir que la primera y segunda adición se han de hacer para los ejercicios de la media noche y al amanecer, y no para los que se harán en otros tiempos; y que la cuarta adición nunca se hará en la iglesia delante de otros, sino en sitio escondido, como en casa, etc.

89 3.ª nota. La tercera, cuando la persona que se ejercita aún no halla lo que desea (como lágrimas, consolaciones, etc.) muchas veces aprovecha hacer cambios en el comer, en el dormir, y en otros modos de hacer penitencia, de manera que cambiemos, haciendo dos o tres días penitencias y otros dos o tres no. Porque a algunos conviene hacer más penitencia, y a otros menos; y también porque muchas veces dejamos de hacer penitencia por el amor sensual, y por juzgar erróneamente que el cuerpo no podrá tolerarla sin enfermedad notable; y algunas veces, por el contrario, hacemos demasiada pensando que el cuerpo podrá tolerarla; y como Dios nuestro Señor conoce infinitamente mejor nuestra naturaleza, muchas veces en esos cambios da a sentir a cada uno lo que le conviene.

[SEGUNDA SEMANA]

91 EL LLAMAMIENTO DEL REY TEMPORAL AYUDA A CONTEMPLAR LA VIDA DEL REY ETERNAL

Oración. La oración preparatoria sea la acostumbrada.

Primer preámbulo. El primer preámbulo es la composición de lugar. Será aquí ver con la vista de la imaginación sinagogas, villas, y castillos, por donde Cristo nuestro Señor predicaba.

Segundo preámbulo. El segundo, pedir la gracia que quiero, será aquí pedir gracia a nuestro Señor para que no sea sordo a su llamamiento, sino presto y diligente para cumplir su santísima voluntad.

92 Primer punto. El primer punto es poner delante de mí un rey humano, elegido por designación de Dios nuestro Señor, a quien reverencian y obedecen todos los gobernantes y todos los hombres cristianos.

93 Segundo punto. El segundo punto, mirar cómo este rey habla a todos los suyos, diciendo: "Mi voluntad es conquistar toda la tierra de infieles. Por tanto, quien quisiere venir conmigo ha de estar contento de comer como yo, y así de beber y vestir, etc.; asimismo ha de trabajar conmigo en el día y vigilar en la noche, etc. para que así después tenga parte conmigo en la victoria como la ha tenido en los trabajos".

94   Tercer punto. El tercero: considerar qué deben responder los buenos súbditos a rey tan liberal y tan humano, y por consiguiente si alguno no aceptase la petición de tal rey, cuánto merecería ser menospreciado por todo el mundo y tenido por perverso caballero.

95   La segunda parte de este ejercicio consiste en aplicar el anterior ejemplo del rey temporal a Cristo nuestro Señor, conforme a los tres puntos dichos.

Primer punto.   Y en cuanto al primer punto, si consideramos ese llamamiento del rey temporal a sus súbditos, cuánto es cosa más digna de consideración ver a Cristo nuestro Señor, rey eterno, y delante de él a todo el universo mundo, al cual y a cada uno en particular llama y dice: "Mi voluntad es conquistar todo el mundo y todos los enemigos, y así entrar en la gloria de mi Padre; por tanto, quien quisiere venir conmigo ha de trabajar conmigo, para que siguiéndome en la pena también me siga en la gloria".

96 Segundo punto. El segundo: considerar que todos los que tuvieren juicio y razón ofrecerán toda su persona al trabajo.

97 Tercer punto. El tercero: los que quieran aspirar a más y señalarse en todo servicio de su rey eterno y señor universal, no solamente ofrecerán su persona al trabajo, sino que, obrando incluso contra su propia sensualidad y contra su amor carnal y mundano, harán oblaciones de mayor valor y mayor importancia, diciendo:

98 *«Eterno Señor de todas las cosas, yo hago mi oblación, con vuestro favor y ayuda, delante de vuestra infinita bondad y delante de vuestra Madre Gloriosa y de todos los santos y santas de la corte celestial: que yo quiero, y deseo, y es de mi determinación deliberada, con tal de que sea vuestro mayor servicio y alabanza, imitaros en pasar toda clase de injurias, y todo menosprecio y toda pobreza, así actual como espiritual, si vuestra santísima majestad me quiere elegir y recibir en tal vida y estado».*

101 EL PRIMER DIA, LA PRIMERA CONTEMPLACION ES DE LA ENCARNACION. CONTIENE LA ORACION PREPARATORIA, TRES PREAMBULOS, TRES PUNTOS Y UN COLOQUIO.

Oración. La oración preparatoria acostumbrada.

102 Primer preámbulo. El primer preámbulo es recordar la historia de lo que debo contemplar; que es aquí cómo las tres personas divinas miraban la llanura o redondez de todo el mundo lleno de hombres, y cómo, viendo que todos descendían al infierno, determinan en su eternidad que la segunda persona se haga hombre para salvar el género humano, y así al llegar la plenitud de los tiempos envían al ángel San Gabriel a Nuestra Señora (n.262).

103 Segundo preámbulo. El segundo, composición viendo el lugar. Aquí será ver la gran capacidad y redondez del mundo, en el cual están tantas y tan diversas gentes; asimismo después ver particularmente la casa y aposento de Nuestra Señora en la ciudad de Nazaret, en la provincia de Galilea.

104 Tercer preámbulo. El tercero, pedir lo que quiero: será aquí pedir conocimiento interno del Señor que por mí se ha hecho hombre, para que más le ame y le siga.

105 Nota. Conviene notar aquí que esta misma oración preparatoria sin cambiarla, como se dijo al principio, y los mismos tres preámbulos se han de hacer en esta semana y en las siguientes, cambiando la forma según la materia correspondiente.

106   Primer punto.   El primer punto es ver las personas, unas y otras; y primero las de la faz de la tierra, en tanta diversidad, así en trajes como en actitudes, unos blancos y otros negros, unos en paz y otros en guerra, unos llorando y otros riendo, unos sanos y otros enfermos, unos naciendo y otros muriendo, etc.

2.º.   Ver y considerar las tres personas divinas, en su solio real o trono de su divina majestad, cómo miran toda la faz y redondez de la tierra, y todas las gentes en tanta ceguedad y cómo mueren y descienden al infierno.

3.º.   Ver a Nuestra Señora y al ángel que la saluda, y reflexionar para sacar provecho de lo que vemos.

107   Segundo punto.   El segundo: oír lo que hablan las personas sobre la faz de la tierra, es a saber, cómo hablan unos con otros, cómo juran y blasfeman, etc.; asimismo lo que dicen las personas divinas, es a saber: "Hagamos la redención del género humano", etc.; y después lo que hablan el ángel y Nuestra Señora; y reflexionar después para sacar provecho de sus palabras.

108 Tercer punto. El tercero: después de mirar lo que hacen las personas sobre la faz de la tierra, como por ejemplo herir, matar, ir al infierno, etc.; asimismo lo que hacen las personas divinas, es a saber realizar la santísima encarnación, etc.; y asimismo lo que hacen el ángel y Nuestra Señora, a saber, el ángel hace su oficio de enviado y Nuestra Señora se humilla y da gracias a la divina majestad; y después reflexionar para sacar algún provecho de cada cosa de éstas.

109 Coloquio. Al fin se ha de hacer un coloquio, pensando lo que debo hablar a las tres personas divinas, o al Verbo eterno encarnado o a la Madre y Señora nuestra, pidiendo gracia, según lo que sintiere en mí, para seguir e imitar más al Señor nuestro que acaba de encarnarse. Decir por último un Padrenuestro.

110 SEGUNDA CONTEMPLACION ES DEL NACIMIENTO.

Oración. La oración preparatoria acostumbrada.

111 Primer preámbulo. El primer preámbulo es la historia, y será aquí cómo desde Nazaret salieron Nuestra Señora encinta, casi de nueve meses, como se puede meditar piadosamente, sentada en una borriquilla, y José y una esclavita, llevando un buey para ir a Belén a pagar el tributo que el César impuso en todas aquellas tierras (n.264).

112 Segundo preámbulo. El segundo: composición viendo el lugar. Será aquí ver con la vista de la imaginación el camino desde Nazaret a Belén, considerando su longitud y anchura, y si ese camino es llano, o si pasa por valles o cuestas; asimismo mirar el lugar o gruta de nacimiento, qué grande o qué pequeña era, qué baja o qué alta, y cómo estaba preparada.

113 Tercer preámbulo. El tercero será el mismo y de la misma forma que en la contemplación anterior.

114 Primer punto. El primer punto es ver las personas; es a saber, ver a Nuestra Señora y a José y a la esclava, y al Niño Jesús recién nacido, haciéndome yo un pobrecito y esclavito indigno, mirándolos, contemplándolos y sirviéndoles en lo que necesiten, como si presente me hallase, con todo el acatamiento y reverencia posibles; y después reflexionar en mi interior para sacar algún provecho.

115 Segundo punto. El segundo: mirar, advertir y contemplar lo que hablan; y reflexionando en mi interior sacar algún provecho.

116 Tercer punto. El tercero: mirar y considerar lo que hacen, como por ejemplo caminar y trabajar, para que el Señor nazca en suma pobreza, y al final de tantos trabajos, de hambre y sed, de calor y de frío, de injurias y afrentas, para morir en cruz, y todo esto por mí; después, reflexionando, sacar algún provecho espiritual.

117 Coloquio. Acabar con un coloquio, así como en la anterior contemplación, y con un Padrenuestro.

121 LA QUINTA SERA APLICAR LOS CINCO SENTIDOS SOBRE LOS TEMAS DE LA PRIMERA Y SEGUNDA CONTEMPLACION.

Oración. Después de la oración preparatoria y de los tres preámbulos, aprovecha aplicar los cinco sentidos de la imaginación por la primera y segunda contemplación de la manera siguiente:

122 Primer punto. El primer punto es ver las personas con la vista de la imaginación, meditando y contemplando en particular sus circunstancias; y sacar algún provecho de lo que vemos.

123 Segundo punto. El segundo: oír con el oído lo que hablan o pueden hablar, y reflexionando en mi interior sacar algún provecho de ello.

124   Tercer punto.   El tercero: oler y gustar con el olfato y con el gusto la infinita suavidad y dulzura de la divinidad, del alma y de sus virtudes y de todo, según fuere la persona que se contempla, reflexionando en sí mismo; y sacar provecho de ello.

125   Cuarto punto.   El cuarto: tocar con el tacto, por ejemplo abrazar y besar los lugares donde esas personas pisan y están colocadas, procurando siempre sacar provecho de ello.

126   Coloquio.   Se acabará con un coloquio como en la primera y segunda contemplación, y con un Padrenuestro.

135   PREAMBULO PARA CONSIDERAR ESTADOS DE VIDA.

Preámbulo. Considerado ya el ejemplo que Cristo nuestro Señor nos ha dado para el primer estado de vida que es de observancia de los mandamientos, viviendo él en obediencia a sus padres; y asimismo para el segundo estado de vida, que es de perfección evangélica, cuando se quedó en el templo dejando a su padre adoptivo y a su madre natural para entregarse al servicio exclusivo de su Padre eterno, a la vez que vamos contemplando su vida comenzaremos juntamente a investigar y a preguntar al Señor en qué vida o estado se quiere servir de nosotros su divina majestad. Y así para alguna introducción de ello, en el primer ejercicio siguiente veremos la intención de Cristo nuestro Señor, y por el contrario la del enemigo de la naturaleza humana, y cómo nos debemos disponer para llegar a la perfección en cualquier estado o vida que Dios nuestro Señor nos diere a elegir.

136 4.º día. El cuarto día meditación de **DOS BANDERAS** una de Cristo, sumo capitán y señor nuestro, la otra de Lucifer, mortal enemigo de nuestra humana naturaleza

Oración. La oración preparatoria acostumbrada.

137 Primer preámbulo. El primer preámbulo es la historia será aquí cómo Cristo llama y quiere a todos bajo su bandera, y Lucifer, al contrario, bajo la suya.

138 Segundo preámbulo. El segundo: composición viendo el lugar. Será aquí ver un gran campamento en toda aquella región de Jerusalén, donde el sumo capitán general de los buenos es Cristo nuestro Señor; otro campamento en la región de Babilonia, donde el caudillo de los enemigos es Lucifer.

139   Tercer preámbulo.   El tercero: pedir lo que quiero; y será aquí pedir conocimiento de los engaños del mal caudillo, y ayuda para guardarme de ellos, y conocimiento de la vida verdadera que nos muestra el sumo y verdadero capitán, y gracia para imitarle.

140   Primer punto.   El primer punto es imaginar como si el caudillo de todos los enemigos tomase asiento en aquel gran campamento de Babilonia, en una especie de cátedra grande de fuego y humo, en figura horrible y espantosa.

141   Segundo punto.   El segundo: considerar cómo hace un llamamiento a innumerables demonios y cómo los esparce a unos en una ciudad y a otros en otra, y así por todo el mundo, no dejando provincias, lugares, estados ni personas algunas en particular.

142   Tercer punto.   El tercero considerar el discurso que les dirige, cómo los exhorta a echar redes y cadenas; de manera que primero deberán tentar de codicia de riquezas, como suele ser comúnmente, para que más fácilmente lleguen al vano honor del mundo, y después a crecida soberbia, de manera que el primer escalón sea de riquezas, el segundo de honor y el tercero de soberbia; y de estos tres escalones induce a todos los otros vicios.

143 Así por el contrario, hay que imaginar al sumo y verdadero capitán que es Cristo nuestro Señor.

144 Primer punto. El primer punto es considerar cómo Cristo nuestro Señor se pone en un gran campamento de aquella región de Jerusalén humilde, hermoso y afable.

145 Segundo punto. El segundo: considerar cómo el Señor de todo el mundo escoge tantas personas, apóstoles, discípulos, etc. y los envía por todo el mundo a esparcir su sagrada doctrina por todos los estados y condiciones de personas.

146 Tercer punto. El tercero: considerar el sermón que Cristo nuestro Señor dirige a todos sus siervos y amigos, que envía a esa tarea encomendándoles que a todos quieran ayudar para traerlos, primero a suma pobreza espiritual, y si su divina majestad fuere servida y los quisiere elegir, no menos a la pobreza actual, segundo, a deseo de oprobios y menosprecios, porque de estas dos cosas se sigue la humildad; de manera que sean tres escalones: el pri-

mero, pobreza frente a riqueza; el segundo oprobio
o menosprecio frente al honor mundano; el tercero,
humildad frente a soberbia; y de estos tres escalones
induzcan a todas las otras virtudes.

147   Coloquio.   Un coloquio a Nuestra Señora porque me alcance gracia de su Hijo y Señor,
para que yo sea recibido bajo su bandera, y primero
en suma pobreza espiritual, y si su divina majestad
fuere servido y me quisiere elegir y recibir, no menos en la pobreza actual; segundo, en pasar oprobios e injurias por imitarle más en ellas, con tal de
que las pueda pasar sin pecado de ninguna persona
y sin desagradar a su divina majestad; después decir
un Ave María.

Segundo coloquio. Pedir otro tanto al Hijo,
para que me lo alcance del Padre, y después decir el
"Alma de Cristo".

Tercer coloquio. Pedir otro tanto al Padre, para
que él me lo conceda, y decir un Padrenuestro.

149   4.º día.   El mismo cuarto día se medita-
rá sobre **TRES BINARIOS** de hombres, para abrazar
la disposición del mejor.

Oración.   La oración preparatoria acostumbrada.

150 Primer preámbulo. El primer preámbulo es la historia, la cual es de tres binarios de hombres, y cada uno de ellos ha adquirido diez mil educados, no pura o rectamente por amor de Dios; y quieren todos salvarse y hallar en paz a Dios nuestro Señor, quitando de sí el peso e impedimento que para ello tienen en el apego a la cosa adquirida.

151 Segundo preámbulo. El segundo, composición de lugar. Será aquí verme a mí mismo, cómo estoy delante de Dios nuestro Señor y de todos sus santos, para desear y conocer lo que sea más grato a su divina bondad.

152 Tercer preámbulo. El tercero, pedir lo que quiero: aquí será pedir gracia para elegir lo que sea más para gloria de su divina majestad y salud de mi alma.

153 Primer binario. El primer binario, para hallar en paz a Dios nuestro Señor y poderse salvar, querría quitar el afecto que tiene a la cosa adquirida; pero, sin poner ningún medio, llega la hora de la muerte.

154 Segundo binario. El segundo quiere quitar el afecto desordenado, pero le quiere quitar de tal forma que se quede con la cosa adquirida; de manera que Dios venga donde él quiere, y no se determina a dejarla para ir a Dios, aunque fuese el mejor estado para él.

155 Tercer binario. El tercero quiere quitar el afecto, pero lo quiere quitar de tal modo que tampoco está apegado a tener la cosa adquirida o no tenerla; sino quiere solamente quererla o no quererla según que Dios nuestro Señor se lo haga sentir en la voluntad, y a esa persona le parezca mejor para servicio y alabanza de su divina majestad; y mientras llega el momento de la elección quiere hacer cuenta que en su afecto ha renunciado ya a todo, poniendo toda la fuerza de voluntad en no querer aquello ni ninguna otra cosa mientras no le mueva sólo el servicio de Dios nuestro Señor, de manera que el deseo de poder servir mejor a Dios nuestro Señor le mueva a tomar la cosa o dejarla.

156 Tres coloquios. Hacer los mismos tres coloquios que se hicieron en la contemplación precedente de las dos banderas.

157 Nota. Es de notar que cuando nosotros sentimos afecto a las riquezas o repugnancia contra la pobreza actual, cuando no estamos indiferentes a pobreza o riqueza, ayuda mucho para extinguir ese afecto desordenado pedir en los coloquios (aunque sea contra la inclinación natural) que el Señor le elija en pobreza actual: y que él lo quiere, pide y suplica, con tal de que sea servicio y alabanza de su divina bondad.

164   3.ª nota. La tercera: antes de entrar en las elecciones, para aficionarse a la verdadera doctrina de Cristo nuestro Señor, es muy útil considerar y advertir en las **TRES** siguientes **MANERAS DE HUMILDAD**, *considerando en ellas a ratos por todo el día*, y asimismo haciendo los coloquios, según se dirá más adelante.

165   1.ª humildad. La primera manera de humildad es necesaria para la salvación eterna es, a saber, que me abaje y me humille tanto cuanto en mí sea posible, para obedecer en todo a la ley de Dios nuestro Señor; de tal suerte que, aunque me hiciesen señor de todas las cosas criadas en este mundo, ni siquiera por salvar la propia vida temporal me ponga a deliberar sobre quebrantar un mandamiento divino o humano que me obligue a pecado mortal.

166   2.º humildad. La segunda manera es más perfecta humildad que la primera, es saber, si yo me hallo en tal punto que no quiero ni siento más inclinación a tener riquezas que pobreza, a querer honor que deshonor, a desear vida larga que corta, si es igual servicio de Dios nuestro Señor y salud de mi alma; y además de esto, que ni por todo lo criado, ni aunque me quitasen la vida, no me ponga a deliberar sobre hacer un pecado venial.

167   3.º humildad.   La tercera manera es la humildad perfectísima, es a saber, cuando incluyendo la prima y la segunda, y siendo igual alabanza y gloria de la divina majestad, por imitar y parecer más actualmente a Cristo nuestro Señor, quiero y elijo pobreza con Cristo pobre más que riqueza, oprobios con Cristo lleno de ellos más que honores; y deseo de ser estimado por vano y loco por Cristo que primero fue tenido por tal, más que por sabio ni prudente en este mundo.

168   Nota.   Así para quien desea alcanzar esta tercera humildad ayuda mucho hacer los tres coloquios de los binarios ya dichos, pidiendo que el Señor nuestro le quiera elegir para esta tercera mayor y mejor humildad, para imitarle y servirle más, si fuera igual o mayor servicio y alabanza de su divina majestad.

169 PREAMBULO PARA HACER ELEC-CION.

En toda buena elección, en cuanto es de nuestra parte, el ojo de nuestra intención debe mirar rectamente, atendiendo solamente el fin para el que he sido creado, es a saber, para alabanza de Dios nuestro Señor y salvación de mi alma; por tanto, cualquier cosa que yo eligiere debe ser para que me ayude para el fin para el que he sido creado, no subordinando ni acomodando el fin al medio, sino el medio al fin; así como sucede que muchos eligen primero casarse, lo cual es medio, y en segundo lugar servir a Dios nuestro señor en el matrimonio, el cual servir a Dios es fin; asimismo hay otros que primero quieren tener beneficios eclesiásticos, y después servir a Dios en ellos. De manera que éstos no van derechos a Dios, sino que quieren que Dios venga derecho a sus afecciones desordenadas; por consiguiente hacen del fin medio y del medio fin. De suerte que lo que habían de poner lo primero lo ponen en último lugar; porque primero hemos de tener por objeto querer servir a Dios, que es el fin, y en segundo lugar tomar beneficio eclesiástico o casarme, si más me conviene, que es el medio para el fin; así ninguna cosa me debe mover a tomar tales medios o privarme de ellos, sino sólo el servicio y alabanza de Dios nuestro Señor y salvación eterna de mi alma.

170   PARA INFORMARSE DE QUE CO-SAS SE DEBE HACER ELECCION. CONTIENE CUATRO PUNTOS Y UNA NOTA.

Primer punto.   El primer punto: es necesario que todas las cosas de las que queremos hacer elección sean indiferentes o buenas en sí, y que estén dentro de lo aprobado por la santa madre Iglesia jerárquica, y no malas ni contrarias a su espíritu.

171   Segundo punto.   Segundo: hay unas cosas que caen bajo elección inmutable, como son sacerdocio, matrimonio, etc.; hay otras que caen debajo de elección mudable, como tomar beneficios eclesiásticos o dejarlos, tomar bienes temporales o dejarlos.

172   Tercer punto.   Tercero: en lo que cae bajo elección inmutable, cuando ya se ha hecho elección una vez no hay más que elegir, porque no se puede deshacer la elección, como es el matrimonio, el sacerdocio, etc. Sólo hay que mirar que si uno no ha hecho elección debida y ordenadamente, sin afecciones desordenadas, se arrepienta y procure hacer buena vida en el estado elegido; dicha elección no parece que sea vocación divina, por ser elección desordenada y torcida, como muchos yerran en esto creyendo vocación divina una elección mala o torcida; porque toda vocación divina es siempre pura y limpia, sin mezcla de nada carnal ni de otra afección alguna desordenada.

173 Cuarto punto. Cuarto: si de cosas que están bajo elección mudable alguno ha hecho elección debida y ordenadamente y sin mezcla de amor carnal y mundano, no hay para qué hacer elección de nuevo, sino perfeccionarse en ella cuanto pudiere.

174 Nota. Es de advertir que si tal elección mudable no se ha hecho sincera y bien ordenada, entonces ayuda que quien tuviere deseo que de él salgan frutos notables y muy agradables a Dios nuestro Señor haga la elección debidamente.

175 TRES TIEMPOS PARA HACER SANA Y BUENA ELECCION EN CADA UNO DE ELLOS.

Primer tiempo. El primer tiempo es cuando Dios nuestro Señor mueve y atrae, la voluntad de tal manera que sin dudar ni poder dudar esa alma bien dispuesta sigue lo que se le propone; como San Pablo y San Mateo lo hicieron, siguiendo a Cristo nuestro Señor.

176   Segundo tiempo.   El segundo: cuando se obtiene suficiente claridad y conocimiento por experiencia de consolaciones y desolaciones y por experiencia de discreción de varios espíritus.

177   Tercer tiempo.   El tercer tiempo es tranquilo, cuando uno, considerando primero para qué ha nacido, es a saber, para alabar a Dios nuestro Señor y salvar su alma, y deseando esto elige como medio una vida o estado dentro de los aprobados por la Iglesia, para que le ayude en el servicio de su Señor y salvación de su alma.

Digo "tiempo tranquilo" cuando el alma no está agitada por diversos espíritus y usa de sus potencias naturales libre y tranquilamente.

178   Por si no se hace elección en el primer o segundo tiempo se ponen a continuación dos modos para hacerla en el tercer tiempo.

189   PARA ENMENDAR Y REFORMAR LA PROPIA VIDA Y ESTADO.

Es de advertir que acerca de los que están constituidos en dignidad eclesiástica o en matrimonio (sea que tengan mucha abundancia de bienes temporales, o no), cuando no tienen posibilidad, o muy pronta voluntad, para hacer elección de las cosas que caen bajo elección mudable, es muy útil, en lugar de hacer elección, darles modo de proceder para enmendar y reformar la propia vida y estado de cada uno de ellos, es a saber, entregando su propio ser, tipo de vida y estado a la gloria y alabanza de Dios nuestro Señor y salvación de su propia alma. Para venir y llegar a este fin debe considerar y rumiar mucho, por los tiempos y modos de elegir según está explicado, cuántas gente en casa y a su servicio debe tener, cómo la debe regir y gobernar, cómo la debe enseñar con la palabra y con el ejemplo; asimismo de sus haberes, cuánto debe tomar para su familia y casa, y cuánto para dar a pobres y otras obras piadosas, no queriendo ni buscando otra cosa sino en todo y por todo la mayor alabanza y gloria de Dios nuestro Señor. Porque piense cada uno que tanto se aprovechará en todas las cosas espirituales, cuanto salga de su propio amor, querer e interés.

[TERCERA SEMANA]

190 Primer día. PRIMERA SEMANA CONTEMPLACION, A MEDIA NOCHE, SOBRE COMO CRISTO NUESTRO SEÑOR FUE DESDE BETANIA A JERUSALEN A LA ULTIMA CENA INCLUSIVE (n. 289). CONTIENE LA ORACION PREPARATORIA, TRES PREAMBULOS, SEIS PUNTOS Y UN COLOQUIO.

Oración.   La oración preparatoria acostumbrada (n. 46).

191   Primer preámbulo.   El primer preámbulo es recordar la historia; que aquí es cómo Cristo nuestro Señor desde Betania envió dos discípulos a Jerusalén a preparar todo lo de la cena, y después él mismo fue a ella con los otros discípulos; y cómo, después de haber comido el cordero pascual y haber cenado, les lavó los pies y dio su santísimo cuerpo y preciosa sangre a sus discípulos, y les hizo un sermón después que Judas fue a vender a su Señor.

192   Segundo preámbulo.   El segundo, composición viendo el lugar. Será aquí considerar el camino desde Betania a Jerusalén, si es ancho o estrecho, si es llano, etc. Asimismo el lugar de la cena, si es grande o pequeño si es de una forma u otra.

193 Tercer preámbulo. El tercero, pedir lo que quiero: será aquí dolor, sentimiento y confusión, porque por mis pecados va el Señor a la Pasión.

194 Primer punto. El primer punto es ver las personas de la cena, y reflexionando en mi interior procurar sacar algún provecho de ellas.

Segundo punto. El segundo: oír lo que hablan, y sacar igualmente algún provecho de ello.

Tercer punto. El tercero: mirar lo que hacen y sacar algún provecho.

195 Cuarto punto. El cuarto: considerar lo que Cristo nuestro Señor padece en su humanidad o quiere padecer, según el paso que se contempla; y aquí comenzar con mucha fuerza y esforzarse por dolerme, entristecerme y llorar; y trabajar de la misma manera por los otros puntos que siguen.

196 Quinto punto. El quinto: considerar cómo la Divinidad se esconde, es a saber, cómo podría destruir a su enemigos y no lo hace, y cómo deja que la sacratísima humanidad padezca tan crudelísimamente.

197   Sexto punto. El sexto: considerar cómo todo esto lo padece por mis pecados, etc., y qué debo yo hacer y padecer por él.

198   Coloquio.   Acabar con un coloquio a Cristo nuestro Señor; y al final con un Padrenuestro.

199   Nota.   Hay que advertir, como ya antes y en partes está explicado (n. 54), que en los coloquios debemos hablar y pedir según la materia correspondiente, es a saber, según me halle tentado o consolado y según desee adquirir una virtud u otra, según quiera resolverme a una parte o a otra, según quiera dolerme o gozarme o en el misterio que contemplo; en fin, pidiendo aquello que más eficazmente deseo sobre alguna cosa particular; de esta manera el que se ejercita puede hacer un solo coloquio a Cristo nuestro Señor, o si la materia o la devoción le mueve a ello, puede hacer tres coloquios: uno a la Madre, otro al Hijo, otro al Padre, de la misma manera que queda dicho en la segunda semana en la meditación de las dos banderas (n. 147), con la nota que sigue a los binarios (n.157).

200   SEGUNDA CONTEMPLACION, A LA MAÑANA: DESDE LA CENA AL HUERTO INCLUSIVE.

Oración.   La oración preparatoria acostumbrada.

201   Primer preámbulo.   El primer preámbulo es la historia: será aquí cómo Cristo nuestro Señor descendió con sus once discípulos desde el monte de Sión, desde donde tuvo la cena, al valle de Josafat, dejando a ocho en una parte del valle y los otros tres en una parte del huerto; y poniéndose en oración suda sudor como gotas de sangre; y después de hacer oración tres veces al Padre despertó a sus tres discípulos; y después que a su voz cayeron los enemigos, y Judas le dio el beso de la paz, y San Pedro cortó la oreja a Malco, y Cristo se la puso en su lugar, apresado como malhechor le llevan valle abajo, y después cuesta arriba hacia la casa de Anás.

202   Segundo preámbulo.   El segundo preámbulo es ver el lugar: será aquí considerar el camino desde el monte Sión al valle de Josafat, y asimismo el huerto, si es ancho, si es largo, si es una forma u otra.

203   Tercer preámbulo.   El tercero es pedir lo que quiero, lo apropiado en la Pasión: dolor con Cristo doloroso, quebranto con Cristo quebrantado, lágrimas, pena interna de tanta pena que Cristo pasó por mí.

[CUARTA SEMANA]

218 PRIMERA SEMANA CONTEMPLACION: COMO CRISTO NUESTRO SEÑOR APARECIO A NUESTRA SEÑORA (N. 299).

Oración. La oración preparatoria acostumbrada.

219 Primer preámbulo. El primer preámbulo es la historia, que es aquí cómo después que Cristo expiró en la cruz, y el cuerpo quedó separado del alma y con él siempre unida la Divinidad su alma bienaventurada, igualmente unida a la Divinidad, descendió al lugar de los muertos; cómo de allí sacó las almas justas y vino al sepulcro, y cómo, ya resucitado, se apareció en cuerpo y alma a su bendita Madre.

220 Segundo preámbulo. El segundo, composición viendo el lugar: será aquí ver la disposición del santo sepulcro, y el lugar o casa de Nuestra Señora, mirando las partes de la casa en particular; asimismo la habitación, el oratorio, etc.

221 Tercer preámbulo. El tercero: pedir lo que quiero; será aquí pedir gracia para alegrarme y gozarme intensamente de tanta gloria y gozo de Cristo nuestro Señor.

222 Primer punto. Segundo punto. Tercer punto. El primero, segundo y tercer puntos son los mismos que dijimos en la cena de Cristo nuestro Señor (n. 194).

223 Cuarto punto. El cuarto: considerar cómo la Divinidad, que parecía esconderse en la Pasión, aparece y se muestra ahora tan milagrosamente en la santísima Resurrección, por los verdaderos y santísimos efectos de ella.

224 Quinto punto. El quinto: mirar el oficio de consolar que trae Cristo nuestro Señor, comparando cómo un amigo suele consolar a otro.

225 Coloquio. Acabar con un coloquio o coloquios, según la materia correspondiente, y terminar con un Padrenuestro.

230 CONTEMPLACION PARA ALCANZAR EL AMOR.

Nota. Primero conviene fijarse en dos cosas:

La primera es que el amor se debe poner más en las obras que en las palabras.

231 La segunda, el amor consiste en comunicación de las dos partes, es a saber, en dar y comuni-

car el amante al amado lo que tiene o de lo que tiene
o puede, y así por el contrario el amado al amante; de
manera que si uno tiene ciencia dé al que no la tiene,
si tiene honores o riquezas, lo mismo; y así el otro
recíprocamente.

Oración. La oración acostumbrada.

232　Primer preámbulo. El primer preámbulo es composición. Aquí es ver cómo estoy delante de
Dios nuestro Señor, de los ángeles, de los santos que
interceden por mí.

233　Segundo preámbulo. El segundo, pedir
lo que quiero: será aquí pedir conocimiento interno
de tanto bien recibido, para que reconociéndolo yo
enteramente, pueda en todo amar y servir a su divina
majestad.

234　Primer punto. El primer punto es traer
a la memoria los beneficios recibidos de creación, redención y dones particulares, ponderando con mucho afecto cuánto ha hecho Dios nuestro Señor por
mí, y cuánto me ha dado de lo que tiene, y, como
consecuencia, cómo el mismo Señor desea dárseme
en cuanto puede, según su ordenación divina; y después reflexionar en mi interior, considerando lo que
yo con mucha razón y justicia debo de mi parte ofre-

cer y dar a su divina majestad, es a saber, todas mis cosas y a mí mismo con ellas, como quien ofrece con mucho afecto:

"Tomad, Señor, y recibid toda mi libertad, mi memoria, mi entendimiento y toda mi voluntad, todo mi haber y mi poseer; Vos me los disteis, a Vos, Señor, lo torno; todo es vuestro, disponed a toda vuestra voluntad. Dadme vuestro amor y gracia que ésta me basta".

235   El segundo, mirar cómo Dios habita en las criaturas: en los elementos dándoles el ser, en las plantas dándoles la vida vegetativa, en los animales la vida sensitiva, en los hombres dándoles también la vida racional, y así en mí dándome el ser, la vida, los sentidos y la inteligencia; asimismo habita en mí haciéndome templo, pues yo he sido creado a semejanza e imagen de su divina majestad; otro tanto reflexionando en mi interior, del modo que está dicho en el primer punto o de otro que sintiere ser mejor. De la misma manera se hará sobre cada uno de los puntos siguientes.

236   El tercero, considerar cómo Dios trabaja y labora por mí en todas las cosas criadas sobre la faz de la tierra; esto es, se comporta como uno que está trabajando. Así como en los cielos, elementos, plantas, frutos, ganados, etc., dándoles el ser, conservándoles la vida vegetativa y sensitiva, etc. Después, reflexionar en mi interior.

237 El cuarto, mirar cómo todos los bienes y dones descienden de arriba, así como mi potencia limitada procede de la suma e infinita de arriba, y así la justicia, bondad, piedad, misericordia, etc., así como del sol descienden los rayos, de la fuente las aguas, etc. Después, acabar reflexionando en mi interior según está dicho. Acabar con un coloquio y un Padrenuestro.

238   TRES MODOS DE ORAR.   PRIMERO, SOBRE LOS MANDAMIENTOS.

La primera manera de orar es acerca de los diez mandamientos, de los siete pecados capitales, de las tres potencias del alma y de los cinco sentidos corporales. La explicación de esta manera de orar, más que en dar forma o modo alguno de orar, consiste en dar forma, modo y ejercicios para que el alma se prepare y saque provecho en ellos, y para que la oración sea aceptada.

239   Primeramente, hágase el equivalente de la segunda adición de la segunda semana (n. 131), es a saber: antes de entrar en la oración repose un poco el espíritu, sentado o paseándose, como le parecerá mejor, considerando "a dónde voy a qué"; y esta misma adición se hará al principio de todos los modos de orar.

240 Oración. Una oración preparatoria, como, por ejemplo, pedir gracia a Dios nuestro Señor para poder conocer en qué he faltado acerca de los diez mandamientos; y asimismo pedir gracia ayuda para enmendarme en adelante; pidiendo perfecta inteligencia de ellos para guardarlos mejor, y para mayor gloria y alabanza de su divina majestad.

241 Para el primer modo de orar conviene considerar y pensar en el primer mandamiento, cómo lo he guardado y en qué he faltado, teniendo como norma para el tiempo lo que duran tres Padrenuestros y tres Ave Marías; y si en este tiempo hallo faltas mías, pedir remisión y perdón de ellas y decir un Padrenuestro;   y hágase de esta manera en cada uno de los diez mandamientos.

242 1.ª nota. Es de notar que cuando uno se pone a pensar en un mandamiento, en el cual ve que no tiene hábito ninguno de pecar, no es menester que se detenga tanto tiempo; pero en la medida en que uno descubre en su interior que tropieza más o menos en aquel mandamiento, así debe detenerse más o menos tiempo en la consideración y examen de él; y guárdese la misma forma de proceder en los pecados capitales.

243   2.ª nota.   Después de acabado el proceso ya dicho sobre los mandamientos, acusándome en cada uno de ellos, y pidiendo gracia y ayuda para enmendarse en adelante, se ha de acabar con un coloquio a Dios nuestro Señor, según la materia correspondiente.

244   2.º SOBRE LOS PECADOS CAPITALES.

Acerca de los siete pecados capitales, después de la adición (n. 239), hágase la oración preparatoria, de la manera ya dicha (n. 240), cambiando sólo la materia, que aquí es de pecados que se han de evitar, y antes era de mandamientos que se han de guardar; y asimismo guárdase el orden y la forma de proceder ya dicha y hágase un coloquio.

245. Para conocer mejor las faltas cometidas en los pecados capitales, mírense sus contrarios; y así, para evitarlos mejor, proponga y procure la persona con santos ejercicios adquirir y tener las siete virtudes contrarias a ellos.

246   3.º SOBRE LAS POTENCIAS DEL ALMA.

Modo. En las tres potencias del alma guárdase el mismo orden y forma de proceder que en los mandamientos, haciendo su adición, oración preparatoria y coloquio.

247 4.º SOBRE LOS CINCO SENTIDOS CORPORALES.

Modo. Acerca de los cinco sentidos corporales se tendrá siempre el mismo orden, cambiando la materia conforme a ellos.

248 Nota. Quien quiere imitar en el uso de los sentidos a Cristo nuestro Señor, encomiéndese en la oración preparatoria a su divina majestad; y después de haber considerado cada sentido diga un Ave María o un Padrenuestro; y quien quisiere imitar en el uso de los sentidos a nuestra Señora, en la oración preparatoria encomiéndese a ella, para que le alcance gracia de su Hijo y Señor para ello; y después de haber considerado cada uno de los sentidos, diga un Ave María.

249 EL SEGUNDO MODO DE ORAR ES CONTEMPLANDO LA SIGNIFICACION DE CADA PALABRA DE LA ORACION.

250   Adición.   La misma adición que se hizo en el primer modo de orar (n. 239) se hará en este segundo.

251   Oración.   La oración preparatoria se hará conforme a la persona a quien se dirige la oración.

252   Segundo modo de orar.   El segundo modo de orar es que la persona, de rodillas o sentado, según se halle más dispuesto y como más devoción le acompañe, teniendo los ojos cerrados o fijos en un lugar sin andar variando con ellos, diga "Padre", y esté en la consideración de esta palabra todo el tiempo que halle significaciones, comparaciones, gustos y consolación en consideraciones a propósito de esa palabra; y de la misma manera haga en cada palabra del Padrenuestro, o de otra oración cualquiera con la que quiera orar de esta forma.

253   1.ª regla.   La primera regla es que estará de la manera ya dicha una hora en todo el Padrenuestro; al acabarlo dirá un Ave María, Credo, Alma de Cristo y Salve, vocal o mentalmente, según la manera acostumbrada.

254   2.ª regla.   La segunda regla es que, si la persona que contempla el Padrenuestro hallare en una palabra o en dos tan buena materia para pensar, y gusto y consolación, no se preocupe por pasar adelante, aunque se acabe la hora en aquello que halla; acabada la cual dirá lo que resta del Padrenuestro en la manera acostumbrada.

255 3.ª regla. La tercera es que, si en una palabra o en dos del Padrenuestro se detuvo por una hora entera, el otro día cuando quiera volver a la oración diga (repita) la sobredicha palabra, o las dos, en la manera que acostumbra; y en la palabra que sigue inmediatamente comience a contemplar según se dijo en la segunda regla.

256 1.ª nota. Es de advertir que, acabado el Padrenuestro en uno o en muchos días, se ha de hacer lo mismo con el Ave María, y después con las otras oraciones, de forma que por algún tiempo se ejercite siempre en una de ellas.

257 2.ª nota. La segunda nota es que, acabada la oración, dirigiéndose a la persona a quien ha orado, pida en pocas palabras las virtudes o gracias de las que siente tener más necesidad.

258 EL TERCER MODO DE ORAR ES ORAR ACOMPASADAMENTE.

Adición. Se hará la misma adición que en el primero y segundo modo de orar (nn. 239 y 250).

Oración.   La oración preparatoria será como en el segundo modo de orar (n. 251).

Tercer modo de orar. El tercer modo de orar es que con cada anhélito o respiración se ha de oral mentalmente diciendo una palabra del Padrenuestro o de otra oración que se rece, de manera que se diga una sola palabra entre una respiración y otra; y mientras dura el tiempo de una respiración a otra hay que fijarse principalmente en la significación de esa palabra, o en la persona quien reza, o en la bajeza de sí mismo, o en la diferencia de tanta alteza o tanta bajeza propia; y con el mismo orden y método procederá en las otras palabras del Padrenuestro; y las otras oraciones, es a saber, Ave María, Alma de Cristo, Credo y Salve, las dirá en la manera que acostumbra.

259   1.ª regla. La primera regla es que otro día, o en otra hora en la que quiera orar, diga el Ave María acompasadamente, y las otras oraciones en la manera que acostumbra; después proceda por las otras igualmente.

260   2.ª regla.   La segunda es que quien quisiere detenerse más en la oración acompasada, puede decir todas la sobredichas oraciones, o parte de ellas, siguiendo el mismo método de la respiración acompasada, como está explicado (n. 258).

3.

Introducción a las reglas de discernimiento

A continuación vamos a transcribir las reglas que San Ignacio da para sentir y conocer mociones y que en la tradición se han llamado "reglas de discernimiento". La palabra "discernimiento" es una palabra compleja y ambigua porque puede referirse a realidades muy distintas: discernimiento moral, discernimiento espiritual, discernimiento de espíritus, discernimiento de la voluntad de Dios, discernimiento pastoral, discernimiento comunitario... Ahora no es el momento para aclarar todo sino dar unas indicaciones.

Las reglas que coloca san Ignacio en los ejercicios se refieren a la discreción de espíritus y su utilidad es para aprender a dirigir la vida en medio de las mociones, movimientos del alma, que pueden suceder durante los ejercicios espirituales y en la propia vida.

Estas reglas requieren una serie de presupuestos para poder usarse y entenderse:

1) Es necesaria una libertad de corazón, un deseo firme de seguir la voluntad de Dios por encima de todo afecto desordenado y deseo. En esto se refleja una postura de vigilancia interior y combate. No toda emoción es una moción del buen espíritu o del mal espíritu. Las reglas no pueden usarse en el camino hacia el mal moral, ni lo justifican. No se enmarcan en el discernimiento moral.

2) Estas reglas son para usarlas y vivirlas en el diálogo de la dirección espiritual. El uso de las mismas en la persona aislada sin la comprensión profunda de las mismas o aplicadas a la ligera puede ser como el uso aleatorio de los controles de una bomba atómica. La diferencia es que aquí lo que puede estallar es el rumbo de la propia vida. Es necesaria una sana humildad y apertura de corazón en la dirección espiritual.

3) Estas reglas son para aceptar o rechazar las mociones que se suceden en el alma. Es importante verificarlas en el tiempo viendo principalmente el camino al que conducen y la fecundidad que conllevan. No son matemáticas.

4) Requieren distinguir los pensamientos, afectos, imaginaciones que son míos, que salen de mi propia libertad, de los que no son míos, que vienen de fuera de mi libertad.

Dice San Ignacio en EE n. 32: "Presupongo que hay en mí tres pensamientos, es a saber: uno propio mío, el cual sale de mi propia libertad y querer, y otros dos que vienen de fuera, uno que viene del buen espíritu y otro del malo."

4

Reglas de discernimiento

313 REGLAS PARA SENTIR CONOCER DE ALGUNA MANERA LAS VARIAS MOCIONES QUE SE PRODUCEN EN EL ALMA: LAS BUENAS, PARA RECIBIRLAS, Y LAS MALAS PARA RECHAZARLAS. SON MAS PROPIAS PARA LA PRIMERA SEMANA.

314 1.ª regla. La primera regla: en las personas que van de pecado mortal en pecado mortal, acostumbra comúnmente el enemigo proponerles placeres aparentes, haciéndoles imaginar deleites y placeres de los sentidos, para conservarlos y hacerlos crecer más en sus vicios y pecados; en dichas personas el buen espíritu actúa de modo contrario, punzándoles y remordiéndoles la conciencia por el juicio recto de la razón.

315   2.ª regla.   La segunda: en las personas que van intensamente purgando sus pecados, y de bien en mejor subiendo en el servicio de Dios nuestro Señor, sucede de modo contrario al de la primera regla; porque entonces es propio del mal espíritu morder (con escrúpulos), entristecer y poner obstáculos, inquietando con falsas razones para que no pase adelante; y propio del buen espíritu es dar ánimo y fuerzas, consolaciones, lágrimas, inspiraciones y quietud, facilitando y quitando todos los impedimentos, para que siga adelante en el bien obrar.

316   3.ª regla.   La tercera es de consolación espiritual: llamo *consolación* cuando en el alma se produce alguna moción interior, con la cual viene el alma a inflamarse en amor a su Criador y Señor, y como consecuencia ninguna cosa criada sobre la faz de la tierra puede amar en sí, sino en el Criador de todas ellas. También es consolación cuando derrama lágrimas que mueven a amar a su Señor, sea por el dolor de sus pecados, o por la Pasión de Cristo nuestro Señor, o por otras cosas ordenadas derechamente a su servicio y alabanza. Finalmente, llamo *consolación* todo aumento de esperanza, fe y caridad y toda alegría interna que llama y atrae a las cosas celestiales y a la propia salud de su alma, aquietándola y pacificándola en su Criador y Señor.

317 4.ª regla. La cuarta, de desolación espiritual. Llamo *desolación* todo lo contrario de la tercera regla; así como oscuridad del alma, turbación en ella, inclinación por las cosas bajas y terrenas, inquietud de varias agitaciones y tentaciones, moviendo a desconfianza, sin esperanza, sin amor, hallándose el alma toda perezosa, tibia, triste y como separada de su Criador y Señor. Porque así como la consolación es contraria a la desolación, de la misma manera los pensamientos que salen de la consolación son contrarios a los pensamientos que salen de la desolación.

318 5.ª regla. La quinta: en tiempo de desolación nunca hacer cambio, sino estar firme y constante en los propósitos y determinación en que estaba el día anterior a esa desolación, o en la determinación en que estaba en la anterior consolación porque así como en la consolación nos guía y aconseja más el buen espíritu, así en la desolación el malo, con cuyos consejos no podemos tomar camino para acertar.

319   6.ª regla.   La sexta: dado por supuesto que en la desolación no debemos cambiar los primero propósitos, aprovecha mucho reaccionar intensamente contra la misma desolación, como por ejemplo insistir más en la oración y meditación, en examinarse mucho, y en alargarnos en algún modo conveniente de hacer penitencia.

320   7.ª regla.   La séptima: el que está en desolación, considere cómo el Señor le ha dejado en prueba con sus facultades naturales, para que resista a las varias agitaciones y tentaciones del enemigo; pues puede con el auxilio divino, el cual siempre le queda, aunque no lo sienta claramente, porque el Señor le ha quitado mucho fervor, crecido amor y gracia intensa, quedándole, sin embargo, gracia suficiente para la salvación.

321   8.º regla.   La octava: el que está en desolación, trabaje por mantenerse en paciencia, que es contraria a las molestias que le vienen, y piense que será pronto consolado, con tal de que ponga las diligencias contra esa desolación, como está dicho en la sexta regla.

322   9.ª regla.   La novena: tres son las causas principales por las que nos hallamos desolados: la primera es por ser tibios, perezosos o negligentes en nuestros ejercicios espirituales, y así por nuestras faltas se aleja la consolación espiritual de nosotros. La segunda, por probarnos para cuánto valemos y hasta dónde nos extendemos en su servicio y alabanza, sin tanta paga de consolaciones y crecidas gracias. La tercera, a fin de darnos verdadera noticia y conocimiento, a saber, para que sintamos internamente que no depende de nosotros traer o tener devoción crecida, amor intenso, lágrimas ni alguna otra consolación espiritual, sino que todo es don y gracia de Dios nuestro Señor; y para que en cosa ajena no pongamos nido, alzando nuestro entendimiento a alguna soberbia o vanagloria, atribuyendo a nosotros la devoción o los otros efectos de la consolación espiritual.

323 10.ª regla. La décima: el que está en consolación piense cómo deberá actuar en la desolación que vendrá después y tome nuevas fuerzas para entonces.

324 11.ª regla. La undécima: el que está consolado procure humillarse y abajarse cuanto pueda, pensando para qué poco vale en el tiempo de desolación, sin esa gracia o consolación. Por el contrario, el que está en desolación piense que, con la gracia suficiente, puede mucho para resistir a todos sus enemigos, si toma fuerzas en su Criador y Señor.

325   12.º regla.   La duodécima: el enemigo se comporta como mujer en que es débil ante la fuerza y fuerte ante la condescendencia. Porque así como es propio de la mujer, cuando riñe con algún varón, perder ánimo y huir cuando el hombre le muestra mucho rostro; y por el contrario, si el varón comienza a huir perdiendo ánimo, la ira, venganza y ferocidad de la mujer es muy crecida y tan desmesurada; de la misma manera es propio del enemigo debilitarse y perder ánimo, huyendo sus tentaciones, cuando la persona que se ejercita en las cosas espirituales pone mucho rostro con las tentaciones del enemigo, haciendo lo diametralmente opuesto; y por el contrario, si la persona que se ejercita comienza a tener temor y perder ánimo en sufrir las tentaciones, no hay bestia tan fiera sobre la faz de la tierra como el enemigo de la naturaleza humana, cuando intenta realizar su dañina intención con tan crecida malicia.

326   13.ª regla.   La decimotercera: asimismo, se comporta como vano enamorado en querer mantenerse en secreto y no ser descubierto; porque así como el hombre vano, que hablando con mala intención requiere a una hija de buen padre o a una

mujer de buen marido, quiere que sus palabras e insinuaciones estén secretas; y lo contrario le disgusta
mucho, cuando la hija al padre o la mujer al marido
descubre sus vanas palabras e intención pervertida,
porque fácilmente deduce que no podrá salir con la
empresa comenzada; de la misma manera, cuando el
enemigo de la naturaleza humana presenta sus astu-
cias e insinuaciones al alma justa, quiere y desea que
sean recibidas y tenidas en secreto; pero le pesa mucho cuando el alma las descubre a su buen confesor o
a otra persona espiritual que conozca sus engaños y
malicias: porque deduce que, al descubrirse sus engaños manifiestos, no podrá salir con el malvado plan
que había comenzado.

327 4.ª regla. La decimocuarta: asimismo, se comporta como un caudillo para conquistar
y robar lo que desea; porque así como un capitán y
caudillo de un ejército en campaña, asentando su
campamento y mirando las fuerzas o disposiciones
de un castillo le combate por la parte más débil, de la
misma manera el enemigo de la naturaleza humana,
rodeando mira en torno todas nuestras virtudes teo-
logales, cardinales y morales; y por donde nos halla
más débiles y más necesitados para nuestra salvación
eterna, por allí nos combate y procura tomarnos.

328 REGLAS PARA EL MISMO EFECTO, CON MAYOR DISCRECION DE ESPIRITUS. SON MAS PROPIAS PARA LA SEGUNDA SEMANA.

329 1.ª regla. La primera: es propio de Dios y de sus ángeles, en sus mociones, dar verdadera alegría y gozo espiritual, quitando toda tristeza y turbación, a las que el enemigo induce; del cual es propio guerrear contra esa alegría y consolación espiritual, trayendo razones aparentes, sutilezas y continuos engaños.

330 2.ª regla. La segunda: sólo es de Dios nuestro Señor dar consolación al alma sin causa precedente, porque es propio del Criador entrar, salir, hacer moción en ella, elevándola toda en amor de su divina majestad. «Sin causa» quiere decir sin ningún previo sentimiento o conocimiento de algún objeto por el que venga esa consolación mediante sus actos de entendimiento y voluntad.

331 3.ª regla. La tercera: «con causa» puede consolar al alma así el ángel bueno como el malo por fines contrarios: el ángel bueno para provecho del alma, para que crezca y suba de bien en mejor; y el ángel malo para lo contrario, y posteriormente para traerla a su dañina intención y malicia.

332   4.ª regla.   La cuarta: es propio del ángel malo, que se disfraza de "ángel de luz", entrar con lo que gusta al alma devota y salir con el mal que él pretende; es a saber, traer pensamientos buenos y santos conforme a esa alma justa; y después, poco a poco, procura salirse con la suya, trayendo al alma a sus engaños cubiertos y perversas intenciones.

333   5.º regla.   La quinta: debemos advertir mucho el curso de los pensamientos; y si al principio, medio y fin es todo bueno, inclinado a todo bien, es señal de ángel bueno; pero si el curso de los pensamientos que trae acaba en alguna cosa mala o distractiva, o menos buena que la que antes el alma había propuesto, o la debilita, inquieta o conturba, quitándole la paz, tranquilidad y quietud que antes tenía, es señal clara de que procede del mal espíritu, enemigo de nuestro provecho y salvación eterna.

334   6.ª regla.   La sexta: cuando el enemigo de la naturaleza humana fuere sentido y conocido por su "cola serpentina" y el mal fin a que induce, aprovecha a la persona que fue tentada por él, mirar luego el curso del pensamiento que le trajo, y el principio de ellos, y cómo poco a poco procuró hacerla descender de la suavidad y gozo espiritual en que estaba, hasta traerla a su intención pervertida, para que sacando experiencia de este conocimiento, en adelante se guarde de sus engaños acostumbrados.

335 7.ª regla. La séptima: a los que proceden de bien en mejor, el ángel bueno toca al alma dulce, leve y suavemente, como gota de agua que entra en una esponja, y el ángel malo toca agudamente y con ruido e inquietud, como cuando la gota de agua cae sobre la piedra. A los que proceden de mal en peor, los dichos espíritus tocan de modo contrario; la causa de esto es que la disposición del alma es contraria o semejante a los dichos espíritus. Porque cuando es contraria entran con estrépito, sensible y perceptiblemente; y cuando es semejante entran con silencio, como en propia casa a puerta abierta.

336 8.ª regla. La octava: cuando la consolación es «sin causa», aunque en ella no haya engaño por ser de Dios nuestro Señor sólo, como está dicho, sin embargo, la persona espiritual a quien Dios da esa consolación debe mirar con mucha vigilancia y atención dicha consolación, y discernir el tiempo propio de la actual consolación, del tiempo siguiente en que el alma queda caliente con el fervor y favorecida con los efectos que deja la consolación pasada; porque muchas veces en este segundo tiempo por su propio discurrir relacionando conceptos y deduciendo consecuencias de sus juicios, o por el buen espíritu o por el malo, forma diversos propósitos y pareceres que no son dados inmediatamente por Dios nuestro Señor; y por tanto hay que examinarlos muy bien antes de darles entero crédito o ponerlos por obra.

III. ORACIONES Y EXAMEN DE CONCIENCIA

1.

Oraciones y ofrecimiento

Ofrecimiento de obras

Ven, Espíritu Santo, inflama nuestros corazones en las ansias redentoras del Corazón de Cristo, para que ofrezcamos de veras nuestras personas y obras, en unión con Él, por la redención del mundo.

Señor mío, y Dios mío Jesucristo: Por el Corazón Inmaculado de María me consagro a Tu Corazón, y me ofrezco Contigo al Padre en Tu santo sacrificio del altar, con mi oración y mi trabajo, sufrimientos y alegrías de hoy, en reparación de nuestros pecados y para que venga a nosotros Tu Reino.

Te pido en especial:

—por el Papa y sus intenciones,
—por nuestro Obispo y sus intenciones,
—por nuestro Párroco y sus intenciones».

Oh Señora mía, oh Madre mía, yo me ofrezco del todo a vos y, en prueba de mi filial afecto, os consagro en este día mis ojos, mis oídos, mi lengua y mi corazón; en una palabra, todo mi ser. Ya que soy todo tuyo, oh Madre de bondad, guárdame y defiéndeme como cosa y posesión tuya.

Alma de Cristo

Alma de Cristo, santifícame.
Cuerpo de Cristo, sálvame.
Sangre de Cristo, embriágame.
Agua del costado de Cristo, lávame.
Pasión de Cristo, confórtame.
¡Oh, buen Jesús!, óyeme.
Dentro de tus llagas, escóndeme.
No permitas que me aparte de Ti.
Del maligno enemigo, defiéndeme
En la hora de mi muerte, llámame.
Y mándame ir a Ti.
Para que con tus santos te alabe.
Por los siglos de los siglos. Amén

Introducción a la oración

Dios Padre Bueno, rico en misericordia y bendición, concédeme en todo asemejarme a tu Hijo Jesucristo, buscando siempre y en todo su mayor agrado y servicio como amigo suyo inseparable, que esté abierto y disponible a la acción de tu amor, y que, por el don de tu Espíritu todos mis afectos, deseos, amores, relaciones, intenciones, pensamientos y decisiones, sean ordenados con reverencia a tu mayor servicio, alabanza y gloria.

Buscando a Dios (San Anselmo)

Míranos, Señor; escúchanos, ilumínanos, muéstrate a nosotros. Manifiéstanos de nuevo tu presencia para que todo nos vaya bien; sin eso todo será malo. Ten piedad de nuestros trabajos y esfuerzos para llegar a ti, porque sin ti nada podemos. Enséñame a buscarte y muéstrate a quien te busca; porque no puedo ir en tu busca a menos que tú me enseñes, y no puedo encontrarte si tú no te manifiestas. Deseando te buscaré, buscando te desearé, amando te hallaré y hallándote te amaré.

Oración de abandono (Carlos de Foucauld)

Padre mío,
me abandono a Ti.
Haz de mí lo que quieras.
Lo que hagas de mí te lo agradezco,
estoy dispuesto a todo,
lo acepto todo.
Con tal que Tu voluntad se haga en mí
y en todas tus criaturas,
no deseo nada más, Dios mío.
Pongo mi vida en Tus manos.
Te la doy, Dios mío,
con todo el amor de mi corazón,
porque te amo,
y porque para mí amarte es darme,
entregarme en Tus manos sin medida,
con infinita confianza,
porque Tu eres mi Padre.

Acto de confianza (San Claudio de la Colombier)

Dios mío, estoy tan persuadido de que veláis sobre todos los que en Vos esperan y de que nada puede faltar a quien de Vos aguarda toda las cosas, que he resuelto vivir en adelante sin cuidado alguno, descargando sobre Vos todas mis inquietudes. Mas yo dormiré en paz y descansaré; porque Tú ¡Oh Señor! Y sólo Tú, has asegurado mi esperanza.

Los hombres pueden despojarme de los bienes y de la reputación; las enfermedades pueden quitarme las fuerzas y los medios de serviros; yo mismo puedo perder vuestra gracia por el pecado; pero no perderé mi esperanza; la conservaré hasta el último instante de mi vida y serán inútiles todos los esfuerzos de los demonios del infierno para arrancármela. Dormiré y descansaré en paz.

Que otros esperen su felicidad de su riqueza o de sus talentos; que se apoyen sobre la inocencia de su vida, o sobre el rigor de su penitencia, o sobre el número de sus buenas obras, o sobre el fervor de sus oraciones. En cuanto a mí, Señor, toda mi confianza es mi confianza misma. Porque Tú, Señor, solo Tú, has asegurado mi esperanza.

A nadie engañó esta confianza. Ninguno de los que han esperado en el Señor ha quedado frustrado en su confianza.

Por tanto, estoy seguro de que seré eternamente feliz, porque firmemente espero serlo y porque de Vos ¡oh Dios mío! Es de Quien lo espero. En Ti esperé, Señor, y jamás seré confundido.

Bien conozco ¡ah! Demasiado lo conozco, que soy frágil e inconstante; sé cuánto pueden las tentaciones contra la virtud más firme; he visto caer los astros del cielo y las columnas del firmamento; pero nada de esto puede aterrarme. Mientras mantenga firme mi esperanza, me conservaré a cubierto de todas las calamidades; y estoy seguro de esperar siempre, porque espero igualmente esta invariable esperanza.

En fin, estoy seguro de que no puedo esperar con exceso de Vos y de que conseguiré todo lo que hubiere esperado de Vos. Así, espero que me sostendréis en las más rápidas y resbaladizas pendientes, que me fortaleceréis contra los más violentos asaltos y que haréis triunfar mi flaqueza sobre mis más formidables enemigos. Espero que me amaréis siempre y que yo os amaré sin interrupción; y para llevar de una vez toda mi esperanza tan lejos como puedo llevarla, os espero a Vos mismo de Vos mismo ¡oh Creador mío! Para el tiempo y para la eternidad. Amén.

Secuencia de Pentecostés

Ven Espíritu Divino,
manda tu luz desde el cielo,
Padre amoroso del pobre;
don en tus dones espléndido;
luz que penetra las almas;
fuente del mayor consuelo.

Ven, dulce huésped del alma,
descanso de nuestro esfuerzo,
tregua en el duro trabajo,
brisa en las horas de fuego,
gozo que enjuga las lágrimas
y reconforta en los duelos.

Entra hasta el fondo del alma,
divina luz y enriquécenos.
Mira el vacío del hombre
si Tú le faltas por dentro;
mira el poder del pecado
cuando no envías tu aliento.

Riega la tierra en sequía,
sana el corazón enfermo,
lava las manchas, infunde
calor de vida en el hielo,

doma el espíritu indómito,
guía al que tuerce el sendero.

Reparte tus Siete Dones
según la fe de tus siervos.
Por tu bondad y tu gracia
dale al esfuerzo su mérito;
salva al que busca salvarse
y danos tu gozo eterno.

Veni Creator

Ven, Espíritu Creador,
visita las almas de tus fieles
llena con tu divina gracia,
los corazones que creaste.

Tú, a quien llamamos Paráclito,
don de Dios Altísimo,
fuente viva, fuego,
caridad y espiritual unción.

Tú derramas sobre nosotros los siete dones;
Tú, dedo de la diestra del Padre;
Tú, fiel promesa del Padre;
que inspiras nuestras palabras.

Ilumina nuestros sentidos;
infunde tu amor en nuestros corazones;
y, con tu perpetuo auxilio,
fortalece la debilidad de nuestro cuerpo.

Aleja de nosotros al enemigo,
danos pronto la paz,
sé nuestro director y nuestro guía,
para que evitemos todo mal.

Por ti conozcamos al Padre,
al Hijo revélanos también;
Creamos en ti, su Espíritu,
por los siglos de los siglos

Gloria a Dios Padre,
y al Hijo que resucitó,
y al Espíritu Consolador,
por los siglos de los siglos. Amén.

Vía crucis y rosario

Vía crucis

Estaciones

1. Jesús es condenado a muerte (San Mateo 27:26. San Marcos 15:15. San Lucas 23:24-25. San Juan 19:16.)

2. Jesús carga con la Cruz. (San Mateo 27:31. San Marcos 15:20. San Juan 19:17)

3. Jesús cae por primera vez.

4. Jesús encuentra a María, su Santísima Madre. (San Juan 19:25-27)

5. Simón de Cirene ayuda a llevar la Cruz de Jesús. (San Mateo 27:32. San Marcos 15:21. San Lucas 23:26)

6. La Verónica limpia el rostro de Jesús.

7. Jesús cae por segunda vez.

8. Jesús consuela a las mujeres de Jerusalén. (San Lucas 23:27-31)

9. Jesús cae por tercera vez.

10. Jesús es despojado de sus vestiduras. (San Mateo 27:35. San Marcos 15:24. San Lucas 23:34. San Juan 19:23-24)

11. Jesús es clavado en la Cruz. (San Mateo 27:35. San Marcos 15:24. San Marcos 15:24. San Lucas 23:33. San Juan 19:18)

12. Jesús muere en la Cruz. (San Mateo 27:50. San Marcos 15:37. San Lucas 23:46. San Juan 19:30)

13. Jesús es bajado de la cruz y puesto en brazos de su Madre. (San Juan 19:38-40)

14. Jesús es sepultado. (San Mateo 27:59-60. San Marcos 15:46. San Lucas 23:53-54. San Juan 19:41-42)

Al comienzo de cada estación:

V/ Te adoramos Cristo y te bendecimos,
R/ que por tu santa cruz redimiste al mundo.

Se reza el Padre Nuestro, o el Ave María y, a continuación se dice:

V/ Señor, pequé,
R/ tened piedad y misericordia de mi.

Rosario

Misterios gozosos:

1º La encarnación del Hijo de Dios
2º La visitación de Nuestra Señora a su prima Santa Isabel
3º El Nacimiento del Hijo de Dios en el portal de Belén
4º La presentación de Jesús en el Templo
5º El Niño Jesús perdido y hallado en el Templo

Misterios luminosos:

1º El Bautismo en el Jordán
2º Las bodas de Caná

3º   El anuncio del Reino de Dios
4º   La Transfiguración
5º   La institución de la Eucaristía

Misterios dolorosos:

1º   La oración en el Huerto
2º   La flagelación de Jesús atado a la columna
3º   La coronación de espinas
4º   Jesús con la Cruz a cuestas camino del Calvario
5º   La crucifixión y muerte de Jesús

Misterios gloriosos:

1º   La resurrección del Hijo de Dios
2º   La Ascensión del Señor al cielo
3º   La venida del Espíritu Santo
4º   La Asunción de María al cielo
5º   La coronación de María como Reina y Señora de todo lo creado

Letanías

Señor, *ten piedad*
Cristo, *ten piedad*
Señor, *ten piedad.*
Cristo, *óyenos.*
Cristo, *escúchanos.*

Dios, Padre celestial,
   ten piedad de nosotros.

Dios, Hijo, Redentor del mundo,
Dios, Espíritu Santo,
Santísima Trinidad, un solo Dios,

Santa María,
  ruega por nosotros.
Santa Madre de Dios,
Santa Virgen de las Vírgenes,
Madre de Cristo,
Madre de la Iglesia,
Madre de la misericordia,
Madre de la divina gracia,
Madre de la esperanza,
Madre purísima,
Madre castísima,
Madre siempre virgen,

Madre inmaculada,
Madre amable,
Madre admirable,
Madre del buen consejo,
Madre del Creador,
Madre del Salvador,
Virgen prudentísima,
Virgen digna de veneración,
Virgen digna de alabanza,
Virgen poderosa,
Virgen clemente,
Virgen fiel,
Espejo de justicia,
Trono de la sabiduría,
Causa de nuestra alegría,
Vaso espiritual,
Vaso digno de honor,
Vaso de insigne devoción,
Rosa mística,
Torre de David,
Torre de marfil,
Casa de oro,
Arca de la Alianza,
Puerta del cielo,
Estrella de la mañana,
Salud de los enfermos,
Refugio de los pecadores,

Consuelo de los migrantes,
Consoladora de los afligidos,
Auxilio de los cristianos,
Reina de los Ángeles,
Reina de los Patriarcas,
Reina de los Profetas,
Reina de los Apóstoles,
Reina de los Mártires,
Reina de los Confesores,
Reina de las Vírgenes,
Reina de todos los Santos,
Reina concebida sin pecado original,
Reina asunta a los Cielos,
Reina del Santísimo Rosario,
Reina de la familia,
Reina de la paz.

Cordero de Dios, que quitas el pecado del mundo,
perdónanos, Señor.

Cordero de Dios, que quitas el pecado del mundo,
escúchanos, Señor.

Cordero de Dios, que quitas el pecado del mundo,
ten misericordia de nosotros.

Ruega por nosotros, Santa Madre de Dios.
Para que seamos dignos de las promesas de Cristo.

Oración

Te rogamos nos concedas,
Señor Dios nuestro,
gozar de continua salud de alma y cuerpo,
y por la gloriosa intercesión
de la bienaventurada siempre Virgen María,
vernos libres de las tristezas de la vida presente
y disfrutar de las alegrías eternas.
Por Cristo nuestro Señor.
Amén.

3

Examen de conciencia para la confesión

(Siguiendo virtudes)

Piedad (Gratitud y reconocimiento)

—¿He sido agradecido a Dios de lo que me ha dado? ¿Me he olvidado de Él? ¿He vivido como si Dios no existiera? ¿Me he olvidado de rezar? ¿He cuidado el trato con la Virgen?

—¿He faltado a la confianza que mis padres, esposo/a o mis hijos han puesto en mí? ¿He sido amable y cariñoso con ellos? ¿Les he tratado bien?¿He ayudado a mis hermanos y he estado atento a ellos y sus necesidades?

—¿He sabido agradecer los dones que he recibido?

Veracidad (Obediencia, lealtad, orden)

—¿He faltado a la verdad diciendo alguna mentira o guardándome parte de ella? ¿He sido valiente o me he dejado llevar por el miedo?

—¿He sabido escuchar y obedecer a mis padres?

—¿He hecho trampas en el juego o en el deporte?

—¿He engañado en el trabajo o en el estudio?

Liberalidad (Generosidad con el amigo, disponibilidad)

—¿He desaprovechado el tiempo libre? ¿Lo he empleado en actividades que ayudan a otros o al crecimiento personal?

—¿He aprovechado el tiempo? ¿He sido egoísta con mi tiempo?

—¿He sido egoísta con mis cosas y mis dones y virtudes?

—¿Me he dejado llevar por la comodidad?

—¿Pierdo el tiempo con los juegos de ordenador o el móvil? ¿Me dejo distraer por ellos?

—¿Me quejo de mis familiares, amigos, compañeros de trabajo o clase? ¿Me quejo de las dificultades?

Convivialidad (Hospitalidad, afabilidad, liberalidad)

—¿He sido amable y alegre en las comidas en casa o con otros? ¿He sido servicial?

—¿He pegado a alguien? ¿Me he dejado llevar por el enfado en el trato con otros o ante los problemas? ¿He insultado a otros? ¿He criticado a otros o hablado mal de ellos a sus espaldas?

—¿He ayudado a otro cuando lo necesitaba?

Fortaleza (Audacia, magnanimidad, paciencia)

—¿He sido paciente? ¿He luchado en las dificultades y problemas o me he dejado llevar por el desánimo?

—¿He respondido con ira? ¿Me he dejado llevar por el enfado?

—¿He defendido la fe cuando hablaban mal de ella?

—¿Me he dejado llevar por el miedo a la hora de hablar a otros a Dios?

Concordia (Afabilidad, lealtad, paciencia)

—¿He escuchado a mis profesores en clase? ¿Les he faltado al respeto? ¿He seguido sus indicaciones? ¿He faltado a la confianza que mis familiares, compañeros de trabajo o colegio tienen sobre mí?

—¿He sido responsable con las tareas que me han encomendado?

Caridad (Misericordia, Generosidad, lealtad)

—¿He hablado mal de Dios? ¿He blasfemado?

—¿He descuidado durante un largo tiempo el acercarme a confesar?

—¿Abro mi tiempo para la oración?

Castidad (Alegría, Modestia, Nobleza)

—¿He tratado bien mi cuerpo con respeto y cuidado?

—¿Cuido la comida y el modo de comer? ¿He tomado sustancias que atentan contra la salud o he abusado del alcohol?

—¿Cuido el modo de vestir con nobleza y modestia o es provocativo y vanidoso?

—¿He tratado con impureza mi cuerpo o el de otros? ¿He mirado a otros con deseo impuro? ¿Me he dejado llevar por deseos impuros? ¿He visto películas o imágenes que faltan a la modestia y el pudor, y que no son adecuadas?

Magnanimidad (Veracidad, obediencia, fortaleza)

—¿He sabido agradecer y aprovechar las oportunidades que se me han dado?

—¿Me he dejado llevar por la envidia y tristeza de lo bueno que tiene otra persona (cualidades, características físicas o cosas)?

—¿He defendido al débil?

—¿He rechazado alguna propuesta para crecer en la fe o en otras virtudes?

Esperanza (Fortaleza, paciencia, alegría)

—¿Me he dejado ayudar? ¿He sabido pedir consejo y ayuda, y acogerla?

—¿Me he dejado llevar por el desánimo ante las dificultades? ¿Me he dejado llevar por la tristeza?

Fidelidad (Nobleza integridad)

—¿He vivido como si Dios no existiera? ¿Me he olvidado de rezar?

—¿He vivido "doble vida", comportándome de una manera con unos, y de otra manera con otros?

—¿He hecho algún juramento de temas superficiales? ¿He roto o no he cumplido alguna promesa?

Justicia

—¿He faltado el domingo o un día de precepto a la Misa?

—¿He descuidado mi deber de estudiante? ¿Aprovecho el tiempo de estudio?

—¿He robado algo? ¿He devuelto lo que había cogido prestado? ¿He sabido agradecer lo que me han dado? ¿He tratado bien las cosas de casa, del trabajo, de la ciudad, de otras personas?

IV. BIBLIOGRAFÍA

1. **Vidas de santos recomendadas para leer
    incluso durante ejercicios espirituales**

    —El Oriente en llamas. Louis de Wohl.

    —Tres monjes rebeldes. M. Raymond.

    —40 años en el círculo polar. S. Llorente.

    —El apóstol de los leprosos. W. Hünermann.

    —Ignacio de Loyola. Sólo y a pie. J. I. Tellechea.

    —Al asalto del cielo. Louis de Wohl.

    —Corazón inquieto. Louis de Wohl.

    —La canción de Bernardette. Louis de Wohl.

    —El mendigo de Granada. W. Hünermann.

    —Don y misterio. Juan Pablo II

    —San Francisco Javier. X. León-Dufour

    —Entre los pieles rojas del Canadá. Adolfo
    Heinen.

    —Caminando por valles oscuros. Walter Ciszek

2.   Libros sencillos para la oración

De Jaques Philippe:

> —*Tiempo para Dios*
> —*La libertad interior*
> —*La paz interior*

De Fabio Rosini:

> —*El Arte de recomenzar*
> —*El arte del buen combate*
> —*El arte de la vida sana*

De Francisco Vidal:

> —*De fuente a fuente*
> —*De Nazaret a Belén*
> —*Del desierto al jardín*
> —*De brazo en brazo*

Últimos títulos publicados

(www.editorialdidaskalos.org)

Suscríbase en nuestra web para recibir las mejores promociones

Didaskalos

Didaskalos *Cor ad Cor*

Didaskalos Pedagogía

Didaskalos Profamilia

Didaskalos Literatura

Colección *Veritas Amoris*

3   MISTERIO DE COMUNIÓN
      Eucaristía, Matrimonio e Iglesia Sacramento
      Leopoldo Vives, dcjm

Colección *Grandes Palabras*

3   EDADES DE LA VIDA
      Marta Casas, Virginia Cagigal

Colección *Escuela de la palabra*

10   EL APOCALIPSIS DE JUAN
      El fin y la consolación
      Salvador Villota Herrero, O. Carm.

Didaskalos Infantil

5   EL CAPITÁN CHOCOLATE
      Cristián Sahli Lecaros